VOL.**1**

柯南隨筆系列：

名偵探八字

之命理一得

南海 葉沛峰・柯南 八字神算

柯南自序

術數者，以數字推測人事之術。

干支者，數之代名詞也。

八字排列，如一公式，依此公式，求其答數，答數與人事相符，則可證明其式之無誤。假若有不符合的地方，則非數字有錯，即推測之誤也。

八字入門程序，約之有三：

1. 用神與十干性情

2. 十神組合與格局運用

3. 推測斷事之手法

命理與預測時有神準，其中必有真理所在。現代科技日新月異，人事萬變，推測的手法亦萬變，偶有恰到好處者，則絲絲入扣，毫髮不爽。柯南隨筆系列，乃筆者之心得整理，系統化編制，寄望後學能得其門而入，是為序。

王寅年孟春

南海　葉沛峰·柯南　序於香江

名偵探 八字神算 班祖

目錄

初級——
名偵探之八字入門篇

中級───
名偵探之十神與學理探討

高級——
名偵探之格局與批命

初級

名偵探
之
八字入門篇

用神

論命以用神為樞機，故此初學者首要是學會**「捉用神」**，取用準確為盡命理之能事也。

命格與運程之吉凶，全視用神而定其趨向，例如用水忌土、用木忌金、用火忌水，勿大包圍用金水、用木火，否則批命無準理。

取用神未準而妄談神煞，吉凶失其指南針。現今江湖術十用神煞的「刑沖會合穿」作功而不知其原理，即使一枝一節，偶爾言中，又何足取矣。然而現代社會「搵食艱難」，為糊口只好用盡江湖手法，學理不足，亦不見怪。

捉用神之法，以《造化元鑰評註》推論最精，然而非下一番苦功，不能靈活運用。即使列成表格，查表捉用神，必然撞板，令初學者對此書心生疑懼，甚至認為古書無用，實則一知半解，學藝未精矣。

柯南學命之時，師傅教導學八字最重要是懂得捉用神，因用神主宰一生之方向。找到用神，忌神和藥神自然而生；捉錯用神，忌神和藥神自然就會推錯。可謂一子錯，滿盤皆落索。

所謂百尺竿頭，更進一步，自詡發明，豈非笑話？溫故知新，翻讀古書，舊有者未能盡知，何新義之足矣。

至於捉用神的技巧和細節，柯南將於下一篇章，與偵探團的朋友們一同探討。

本門算命與捉用神的技巧

名偵探師承南海呂庚子一脈，在推算八字時必然會考慮：

1
干性
喜用

2
格局
用神

3
調候
用神

柯南為你逐一解釋：

1. 干性喜用

每個日元都有自己不同的干性喜好（注意：是天干，絕對不能以地支代替），例如甲日喜庚，丙日喜壬，庚日喜丁，癸日喜辛金等等。

即甲日地支見申／午，是不能代替天干的庚丁，因為現在說的是「干性」喜用，而不是「支性」喜用，偵探團的朋友們要多多注意。這樣嚴格的條件令大家成為「好命」的機會又大大減少了。

名偵探八字 之命理一得

2. 格局用神

格局必然是由用神而決定的，即體用之主客。在取格局用神時，要考慮日元干性、月令喜忌、扶抑、病藥等等。而坊間最常見的謬誤是只懂考慮《子平真詮》所提及的扶抑、病藥、調候、通關等等，可惜連最基本的陰日元和陽日元的身強身弱之分別都搞不清，真是令柯南在教八字班時感到頭痛，更莫談捉用神的準確了。

3. 調候用神

處理好干性喜用和格局用神後，便要考慮寒暖濕燥。至於夏天要水和冬天要火調候這些簡單的手法，相信不用再多作解釋。

常見謬誤：丁火日元生於卯月，地支卯木多而水旺，在寒暖濕燥的條件考慮下，應該如何取調候用神呢？就留待偵探團的朋友們自行思考一下答案吧！（歡迎以 Facebook/Instagram messages 詢問柯南答案）

真相永遠
只有一個！

十干性情與日元的喜好

十干性情，陰陽迥殊。《滴天髓》言其學理而不言其用法，《造化元鑰》言其用法而不言其學理，令有意研習的初學者難以入手，然而運用亦非死記硬背，必須有師傳口訣解讀和批算經驗才能靈活運用。命格富貴貧賤，吉凶壽夭，格局之高低皆由此開始。

到底什麼是十干性情呢？簡單來說，就是每個不同的日元都有自己的喜好，例如丁火喜甲木、戊土喜甲丙癸等等，但是這不代表丁火一見甲木，必定會天干取甲木為格局用神。

「真相永遠只有一個！」就是天干如有合適的干性喜用，會提高命格的級數，但不代表他一定是格局用神，有大部分同行都不懂箇中深入的學理。

應再進一步探討的是，例如：丙火日元用什麼是最高格局？丁火在夏天是否甲木旺必定好呢？戊己土日元，在四季月要配置什麼才是最高格局？

柯南學理探討

柯南在此留幾個線索讓大家思考一下：

1 天干見齊甲庚丁，是否一定好命？

2 經常說丙火要壬水，但有壬水後究竟要什麼？

3 癸水在酉月金旺，干性上喜用什麼？

真相永遠只有一個！

名偵探八字 之命理一得

八字看性格與十型人格

現今網路世界發達，網上有不少資料能查表論性格，或以日支／月支的十神主氣論性格，然而以上方法皆有其不足之處。柯南現以師承一脈的八字神算分析十干如何配合十型人格。

甲木：實踐者

乙木：給予者

丙火：完美者

丁火：陰柔者

戊土：媒介者

己土：觀察者

庚金：支配者

辛金：投機者

壬水：理智者

癸水：質問者

但應該要怎樣運用十型人格呢？柯南在此以命例簡單介紹一下。

日	月
庚	
午	未
官	印

此庚金女命屬支配者，即是性格上十分「偏執硬頸」，工作認真，做事一板一眼。配合日支正官用神，乃「執到檯面靚一靚」才工作的人。月令正印配合官印相生，即愛學習之餘，為人思想亦比較正派。

日	月
甲	壬
子	子
印	印

甲木日元為實踐者，即是一般從事獨立工作或是個性比較現實貼地。但由於此命缺乏干性庚丁的配合，故此形成此甲木命不能「入型入格」。水木兩旺思想走偏，正印太旺為人懶散而不願工作，整天在劏房幻想能一夜之間成為富翁，「冬天水木泛，名利總虛浮」。

名偵探八字 之命理一得

月　日
乙
未　巳
才　傷

乙木日元為給予者，配合日支傷官的特性，內心世界感情豐富，而且自視甚高。日坐傷官好罵夫，然而被月令偏財星洩氣，即是「有錢有傾偈」之人，所以在論性格方面不能只看日支或月令，要多方面兼看。

真相永遠
只有一個！

十神組合運用　江湖手法閒談

坊間註解十神組合的書籍可謂多如牛毛，而簡單的，例如：殺印相生異路功名、官印相生利政府官職、傷官見官主剋夫官非等等，實在有點沈悶，是故柯南在此不贅。

首先偵探團的朋友要理解一下，十神組合和格局有什麼不同，十神組合是指兩個十神在一起之下所發揮的作用，例如：

日　官　才
庚　丁　甲

此造財官兩透，亦云「財官雙美」。一般師傅便會說此人「甲庚丁」，功名顯赫，是做大官之命，如身強偏財旺更是大發財之命，年月財官高透更是祖上興隆或富貴。

這樣的批算水準在現今的網路時代，應該只能收取 $280 街邊攤檔水平的算命費用，所以柯南在此分析一下。

日　官　才
庚　丁　甲

日　官　才
丙　癸　庚

名偵探八字 之命理一得

```
日   官   才
乙   庚   己
```

以上的三種情況都是財官透，乙木日元更是官來合我，偵探團的朋友們覺得哪一種是真「財官雙美」？哪一種是假？或是這三條命你會選擇哪一條命呢？

答案最好的當然是：

```
日   官   才
庚   丁   甲
```

然後一眾師兄弟就會說：「甲庚丁美格，庚甲劈甲引丁火，甲庚丁甲庚丁甲庚丁……」但甲庚丁又要怎樣才能分出真假或成格與否呢？

```
日   官   才
庚   丁   甲
寅   酉
```

```
日   官   才
庚   丁   甲
申   卯
```

日　官　才
庚　丁　甲
寅　卯

日　官　才
庚　丁　甲
辰　巳

以上四種的庚金日元，透財官，不一定代表「財官雙美」。要知道庚金日元干性喜用是丁火和甲木，但必須用神是正官才是成格的財官雙美。當用神是正官，本門會稱為財官格或正官格，而不是天干一透出月令的正官便是正官格成格。各位從此路去思考就會進步了。

名偵探八字 之 命理一得

命宮與神煞運用之古法論命

古法論命，以年為主，故神煞皆從年取。自七政天星蛻變為子平八字，由年為主改為日柱批命為主。子平八字之法，雖始於宋，至明末才為興盛之期，子平八字以五行生剋制化為主。《滴天髓》與《窮通寶鑑》兩書，皆為明代著述，兩書專論五行生剋制化，不談神煞，為其明證也。

然而神煞並非沒有用處，只要能夠融會貫通，並配合「八字＋刑沖會合＋命宮」便能靈活運用。神煞雖然繁複，但人致可分為三組：

（一）	（二）	（三）
寅申巳亥組	**子午卯酉組**	**辰戌丑未組**

（一）寅申巳亥組：所謂「生方怕動庫宜開」，此四宮神煞最多。祿馬貴人，亡神劫煞皆可從此組找出，所謂「一祿勝千財」，祿勳和天乙貴人化凶為吉的能力最強。例子：

（亡劫帶貴格）

官	日	傷	才	
壬	丁	戊	辛	
寅	亥	戌	丑	（命宮：癸巳）
金	土	木	土	（納音）

古法論命：辛丑年生人，巳酉丑年，見寅為劫煞同時為天乙貴人。寅亥作年與日之六合貴人，天乙貴人必須見相合才起作用。

此格局為——**亡劫帶貴**，故讀書有成，大利政府功名，子女孝順而助力大也。

子平八字論命：丁火日元生於戌月，首要甲木疏土，故取時支寅木為用神，格成**官印相生**。日時年貴人與日貴人互合，故此生平貴人多助，逢凶化吉，可謂「**真神得用平生貴，用假終為碌碌人**」。

（二）子午卯酉組：此組有四進神，四真陽刃，四咸池將星二懸針。例子：

（互換得貴格）

梟	日	梟	官	
己	辛	己	丙	
亥	未	亥	申	（命宮：甲午）
木	土	木	→火	（納音）

古法論命：乙己鼠猴鄉，丙丁豬雞位。年干丙火見亥為天乙貴人，月時兩己見申亦為貴人，此為**互換得貴**格。月時兩柱己亥納音之木，皆生旺年柱丙申納音之火，為**年命旺氣**，故為宰相之命。

子平八字論命：辛金日元生於亥月，首要丁火暖身，或以地支寅木調候，但此造兩者皆缺，故以地支未土及天干丙火作調候。

名偵探八字 之命理一得

由於地支得申金扶助日元，此造以月令亥水為用神，格成傷官吐秀。用神在月令為真神得用平生貴，故為宰相之命。

（三）辰戌丑未組：此組中辰為天罡，戌為河魁，大吉丑，小吉未。辰戌丑未組神煞最少，當中常用的有華蓋與寡宿。四墓齊集主孤寡僧道，出家人多數是地支四墓全。例子：

（納音一氣格）

官	日	官	官
甲	己	甲	甲
戌	未	戌	戌	（胎元：乙丑）
火	火	火	火	（納音一氣，華蓋重逢）

古法論命：四柱納音一氣，全屬火本屬貴格，寅午戌年見戌為華蓋。「華蓋重逢性孤僻，若見胎元又再現，財官子女皆無緣，青燈古佛了餘生」故雖福壽高但六親無緣，為出家人之命．

子平八字論命：己土日元生於戌月，土旺首要甲木疏土．但此造甲木用神被合化為病，加上缺丙癸，故此格局低下，為僧道孤貧。

由此可見，古法神煞可以與現在的子平八字論命合參，若加上七政四餘星平合參會更完美！

什麼是格局呢？真假格局？

柯南在坊間聽見不少人討論格局，所謂各家有各法，各門各派使用的格局法盡不相同，當中以《子平真詮》的「月令透出」取格方式最為常見，例如月令藏元正官透出為正官格，透出正財為正財格，但此類取格方式對批算可謂效用十分之低。本門格局大致分為四類：

1. 有格局（法拉利／豐田／貨車）：

有格局的意思是指成格或者格局是真，例如戊土春天見甲丙癸而用神是甲／用神是月令，這類命格都是中上階層多，而且在「拆局論用」上是比較容易批算，因為用神多數是明透或剛好是干性喜用。當然有些命格是法拉利，有些是豐田，有些較差的是貨車。

2. 無格局：

《滴天髓》云：「真神得用平生貴，用假終為碌碌人。」庸庸碌碌者，天下皆是。簡單來說，即是格局上有瑕疵，或可以說是假格或不成格。

名偵探八字 之命理一得

但事實上，這類命格在現實中最為普遍，世界上不是每個人都能做皇帝或開法拉利，普普通通的「打工仔」佔了香港75% 人口，所以不是每條命都甲庚丁，乙丙癸。有些普通人是丙火用癸水／戊土用乙木／辛金用午火等等，但這類命格真的那麼差勁嗎？行運的時間一樣有車有樓有老婆。

所以有些時候不需要太執著於《造化元鑰》中的皇帝命和高官命，一般人的命有一般人的批算方法，但就不像丙火用士水那些命那麼容易批算，命格愈差的命，則愈難批算。

3. 破格／無用神：

在八字命格中，最差的莫過於破格了。

亦即是用神被剋破，或是無用神之命，因現今科技進步，這類命格一般都是思想和性格出現問題，並非身體有殘缺。

這類人一般都是「專諗衰嘢」，或是「攬炸彈」做出一些自殺式行為，從而令自己愈撈愈霉。據柯南的批命經驗，近年這類破格常見於精神病或是破產，正是何知其人凶，忌神輾轉攻！

4. 特殊格局：

這裡的特殊格局或外格是指：從格、化氣格、專旺格、雜格等等。

其實這類外格的出現率比較低，現柯南表列如下：

從財格、從殺格、從官格、從兒格、化氣格

專旺格：曲直格、炎上格、稼穡格、從革格、潤下格

母慈滅子格，兩神成象，三神成象……

雜格：日祿歸時格、拱祿拱貴格、飛天祿馬格、六乙鼠貴格、六陰朝陽格、六甲趨乾格、六壬趨艮格……

這類雜格多如牛毛，一般以正格論命拆局已可處理，巧立名目不過是江湖術士「搵食」用途。

真相永遠
只有一個！

《滴天髓》的八大格局

由命學大師任鐵樵氏所編註的《滴天髓徵義》，可說是現今爭議性頗大的一本八字古書。書中的案例多半是採用清朝年間的命例，而當中正格論命的方式可算是當時八字命理的創新之作。現在柯南表列如下：

1. **財滋弱殺格**
2. **殺印相生格**
3. **財官格**
4. **官印相生格**
5. **食神制殺格**
6. **食傷吐秀格**
7. **傷官佩印格**
8. **食傷生財格**

柯南相信坊間能正確解讀以上八大格局的用神、結構，以及真假成敗的人為數不多，但寄望各位偵探團的朋友起碼能正確地表列《滴天髓》的八大正格。如果能把《滴天髓》和《造化元鑰》的技術結合運用，而不是單純各執一詞地使用，相信各位術數之友的八字功力定能 Level Up ！

坊間有一些師傅甚至叫學生不要看任鐵樵大師和徐樂吾大師的著作，認為這些古書是「攔路虎」，真是既可悲又可笑。

在沒有名師指點的情況下當然解不通書中的奧秘，甚至用身強身弱三審法去理解樂吾先賢的批算手法，正是連最基本的ABC 都未認清楚，就去評論大師級的手法和作品，荒謬至極。

初學者應先從《子平粹言》和《子平真詮評註》入手，較易理解和掌握。

而《滴天髓》在柯南編制的八字課程中，乃最後一本才教的書籍，因當中的手法與體用之變甚為複雜，要有數年的八字根基才能理解。

名偵探八字 之命理一得

財多身弱　現代男女大不同

現代人一般都是向錢看，即是有錢能使鬼推磨，想從一個八字看「錢財」，當然是要追看正財星和偏財星。

柯南會和偵探團的朋友分析一下坊間八字文章，以及書本最常提及的財多身弱。

首先要界定一下什麼是財多身弱，財多身弱是一種情況和十神配搭，而不是一種格局。嚴格來說，財多身弱是沒有格局，而用神當然是「財多身弱用比劫」。簡而言之，即是財多身弱，窮人之命。這類命格若是陽日元更會視財如命，因財星旺自然會破印，十神結構上即是因為錢財利益埋沒了良心。財多身弱這類命格不能任財，反為財所困也，即是代人經營，任保管錢財之職，例如銀行經理或保險經紀，自己不能享受而支配錢財，與貧人無異 **（即俗語所云：「有得睇無得食」）**，而現代年輕人常見於欠下「周身卡數」。

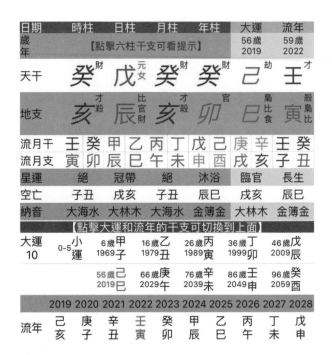

日期	時柱	日柱	月柱	年柱	大運	流年
歲年	【點擊六柱干支可看提示】				56歲 2019	59歲 2022
天干	癸 財	戊 元女	癸 財	癸 財	己 劫	壬 才
地支	亥 才殺	辰 比官財	亥 才殺	卯 官	巳 梟比食	寅 殺梟比
流月干	壬	癸	甲	乙	丙	丁	戊	己	庚	辛	壬	癸
流月支	寅	卯	辰	巳	午	未	申	酉	戌	亥	子	丑
星運	絕		冠帶		絕		沐浴		臨官		長生	
空亡	子丑		戌亥		子丑		辰巳		戌亥		辰巳	
納音	大海水		大林木		大海水		金簿金		大林木		金簿金	

【點擊大運和流年的干支可切換到上面】

大運 10	0-5 小運	6歲 甲 1969 子	16歲 乙 1979 丑	26歲 丙 1989 寅	36歲 丁 1999 卯	46歲 戊 2009 辰
		56歲 己 2019 巳	66歲 庚 2029 午	76歲 辛 2039 未	86歲 壬 2049 申	96歲 癸 2059 酉

	2019	2020	2021	2022	2023	2024	2025	2026	2027	2028
流年	己亥	庚子	辛丑	壬寅	癸卯	甲辰	乙巳	丙午	丁未	戊申

此女命戊土日元生於亥月，《子平真詮》屬正財格。十月寒土，以**丙火**為首要（即是原局干性首取丙火為用神），次取**甲木／寅木**生火。可惜此命全局沒有丙火和甲木透出，原局一片偏枯之象，所謂「一局清枯也苦人」。

正合八字神算訣云：「寒土無火，生機盡滅。」八字上只屬下命。

十神結構上，更是財多身弱用比劫。沒有丙火，只能權取辰土制水，與沒有用神的命格差不多。

經過以上的分析，可以推測此女命是一個出身窮、學歷低，性格極之貪錢和現實的女人。加上首兩運便是官殺混雜，甲木一高透便成財黨殺旺攻身，可見早年姻緣甚多，更是早已失身和濫交之象。

命主一交丙寅運，集齊了戊土日元的干性所需，丙火真神高透，「土多而暖，受職揚名」。由於此造命格甚差，故此運就算得到真神，亦只是遇上了現在的老公，本身事業財運全無發展，可見「根在苗先，實在花後」。

由於此運「命隨運轉用神變」，用神是印星，故此生活非常舒服，只是做個 reception，買樓和家用支出全是由老公負擔，老公更為她負擔外父外母大部分生活費用（老公是專業人士）。

最值得一提的是，她最引以為傲的事情就是家中不用請工人，大小家務洗碗拖地都交由老公負責。而最神奇的是老公（老襯）竟然言聽計從，現代的港男在家中連小小的尊嚴都失去，除了買樓和給予家用之外，還要洗碗拖地，真是可悲。

相信在不少偵探團的朋友心裡，都覺得這條財多身弱的女命算是不錯。

對，你猜中了！因為真相是，在現代，女命是不忌財多身弱，這樣反而容易幸福美滿。到底當中的學理何解呢？

柯南再加一條現代男命解釋一下財多身弱。

日期	時柱	日柱	月柱	年柱	大運	流年
歲年		【點擊六柱干支可看提示】			25歲 2018	28歲 2021
天干	辛(官)	甲(元男)	己(財)	癸(印)	丙(食)	辛(官)
地支	未(財傷劫)	辰(才劫印)	未(財傷劫)	酉(官)	辰(才劫印)	丑(財印官)
流月干	庚 辛	壬 癸	甲 乙	丙 丁	戊 己	庚 辛
流月支	寅 卯	辰 巳	午 未	申 酉	戌 亥	子 丑
星運	墓	衰	墓	胎	衰	冠帶
空亡	戌亥	寅卯	子丑	戌亥	子丑	辰巳
納音	路旁土	佛燈火	天上火	劍鋒金	沙中土	壁上土

【點擊大運和流年的干支可切換到上面】

大運 10	0-4 小運	5歲戊 1998午	15歲丁 2008巳	25歲丙 2018辰	35歲乙 2028卯	45歲甲 2038寅
		55歲癸 2048丑	65歲壬 2058子	75歲辛 2068亥	85歲庚 2078戌	95歲己 2088酉

流年	2018	2019	2020	2021	2022	2023	2024	2025	2026	2027
	戊戌	己亥	庚子	辛丑	壬寅	癸卯	甲辰	乙巳	丙午	丁未

此男命屬甲木日元生於夏天，未月甲木首要水調候，次要甲木疏土。然而此男命癸水一透被己土所傷，可謂吉神太露，反起爭奪之風。用神被剋破，可謂破格已成。

此命正是財多身弱的典型例子，而不是什麼假從財格或化氣格。食不起的財，就是債務，是故此命年紀輕輕，已經破產。

名偵探八字 之命理一得

柯南學理探討

柯南想在此和偵探團的朋友玩玩
遊戲，試猜猜：

1 命主祖輩環境如何？

2 2014 年命主發生了什麼事？

3 2019 年命主發生了什麼事？

4 2021 年命主發生了什麼事？

5 命主的乙卯運和甲寅運有
什麼分別？

6 財多身弱有什麼趨避之道？

羈絆用神的迷思

《滴天髓》：「出門要向天涯游，何事裙釵恣意留。不管白雲與明月，任君策馬朝天關。」

羈絆者，合神也。合而成化或不化為另一個問題，柯南在網上看見不少師傅認為合多主聚氣，人緣好而且富貴之象。

可知**合有宜不宜，合多不為奇**。合起吉神則吉，然而用神被合，即用神被羈絆，不但不能發揮用神的效力，當運年加劇用化為忌，嚴重者更為夭折短壽之命。

柯南以一些例子說明：

時	日	月	年	
食		官	才	
丙	甲	辛	戊	（丙辛化水）（用化為忌）
寅	戌	酉	子	

此造為甲木生於酉月，首取丁火。但原局有丙無丁，取時上丙火為用，格成食神制官。格局用神和調候用神都集結在丙火一字。此時丙辛一合化水，所謂**逢辛反怯**，用神羈絆化為忌神，其性最凶，如在現代，此為夭折短壽或破產之命。剛巧有一條類似的古例比較：

名偵探八字 之命理一得

時	日	月	年
食		財	梟
丙	甲	己	壬
寅	戌	酉	寅

此為清宣宗道光皇帝之命，同樣是日祿歸時用食神，為什麼卻是天淵之別？除了「**日祿歸時沒官星，號曰青雲得路**」外，主要是因為用神一合死，格局大打折扣，「**何知其人夭，氣濁神枯了。**」**當中的神枯，就是指用神合死會死亡夭壽。**

《滴天髓》詩句中所謂白雲主變化，明月主閒神，因為羈絆用神多為閒神，即指不管格局如何變幻，閒神如何羈絆，只要運程助起用神，依然任意飛翔。

柯南再以一例為偵探團的朋友分析一下：

財	日	傷	梟
癸	戊	辛	丙
丑	子	丑	子

此為清朝彭玉麟之命，戊土丑月取丙火為用，是為「**真神得用平生貴**」。但丙辛一合羈絆用神，戊癸化火，天干暗結丙火助起用神，可謂「**化神還有幾般話**」，中年交起南方火運，用神得地而貴顯。

由此可見，一般情況下，用神都不宜被羈絆，運程不助下，容易因此夭折短壽，合神助用則吉，化忌則為凶。

日祿歸時格的成敗

日祿歸時格是坊間最多師傅所使用的古法論命格局之一，簡單來說，就是日元的祿在時柱（例如甲日寅時，乙日卯時，丙／戊日巳時，丁／己日午時），這類命格坊間會說是先苦後甜／晚運佳／財運亨通。

現在柯南評註一下日祿歸時格的古訣整理：

〈明通賦〉／〈喜忌篇〉：「**日祿歸時沒官星，號日青雲得路。**」（意思指天干不見官殺，用食傷會發財。）

〈繼善篇〉：「**時歸日祿，生平不喜官星。**」（同上，當然是要有適當的配合，約 70% 情況不喜官星。）

〈元理賦〉：「**歸祿得財而獲福，無財歸祿必須貧。**」（日祿歸時，必須原局財旺才是發財之命，如沒財星而比劫極旺，不需官星，都多半是孤貧之命。）

〈真寶賦〉：「**祿逢財印，青年及弟登科。歲運刑沖，官殺逢之不妙。**」（歸祿需要財星的配合，才能發財立品，須知祿破財傾，命祿將盡。地支祿逢沖破主死亡之兆。

〈金聲玉振賦〉：「**歸祿愛財星，見官則損壽。**」（同上，原局財旺多半是發達命格。）

柯南補註：按日元的祿動，即為地支主氣的比肩。

用神在時支的祿，即用在歸祿，不可破祿，用神不可損傷之意也。

見官殺即剋制比劫，即用神被剋破，為破格。

凡陽日元身弱者，喜印綬滋生或比劫扶助。若月令官殺／食傷旺，均喜印綬制化生身，比劫雖能幫身，不及印綬一物三用也。

日祿歸時的正格必緣月令財旺，觀〈元理賦〉或〈金聲玉振賦〉句較清楚易明。

至於身旺用官，身弱用印，皆非日祿歸時格。

日祿歸時之成格例子：

印	日	財	財
丁	戊	癸	癸
巳	子	亥	酉

此命用神時柱之祿（巳），運行比劫成鉅富。

日祿歸時之破格例子：

官	日	殺	殺
癸	丙	壬	壬
巳	申	子	辰

此命用神亦時柱之祿（巳），然而官殺太旺，行比劫運不免官殺回剋，以印運為最佳。

故日祿歸時見官殺旺損祿為破格。明矣！

柯南閒談

名人八字，知其事實而用八字反推驗
證，是學習八字的必經階段。

需知道學習必須多做練習累積經驗，
才會進步。

八字中的犯太歲與日犯歲君

近年坊間常見有不少犯太歲的說法，普羅大眾已經耳熟能詳，但到底在八字中，什麼才是真正的犯太歲呢？

柯南在此為偵探團的朋友以師承一脈之八字神算分析一下各類真正的犯太歲。

1. 正沖太歲：當年支沖太歲，是為真正的犯太歲，即子午沖，寅申沖等等，此種的犯太歲多半是拍拖／結婚之年，又或是惹上官非。

2. 天剋地沖（反吟）：所謂天剋地沖，十有九凶。此言日柱與當年太歲反吟，例如壬寅年，丙申日和戊申日便是天剋地沖了。這種情況下一般都是失業破產或是手術災病，當然亦有機會是拍拖結婚之年。由於現在的子平八字是以日柱為主批命，故此反吟日柱比沖太歲更為應驗。

〈繼善篇〉：「日犯歲君，災殃必重。」

「反吟伏吟，哭泣淋淋。不損自己，也損他人。」

柯南評註：此言日柱與太歲天剋地沖，多數是有大災難。反吟伏吟一般是災難的應期，要視乎是哪一柱應驗，如反伏月柱是父母兄弟當災，反吟時柱是子女下屬，所以就算自己無災，身邊多半也有人當災。例子如下：

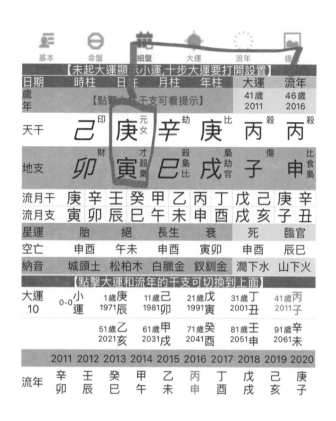

基本　命盤　細盤　大運　流年　提

日期	時柱	日 E	月柱	年柱	大運	流年
歲 年	【點擊干支可看提示】				41歲 2011	46歲 2016
天干	己 印	庚 元女	辛 劫	庚 比	丙 殺	丙 殺
地支	卯 財	寅 才殺梟	巳 殺梟比	戌 梟劫官	子 傷	申 比食梟

流月干	庚	辛	壬	癸	甲	乙	丙	丁	戊	己	庚	辛
流月支	寅	卯	辰	巳	午	未	申	酉	戌	亥	子	丑

星運	胎	絕	長生	衰	死	臨官
空亡	申酉	午未	申酉	寅卯	申酉	辰巳
納音	城頭土	松柏木	白臘金	釵釧金	澗下水	山下火

【點擊大運和流年的干支可切換到上面】

大運 10	0-0 小運	1歲 1971 庚辰	11歲 1981 己卯	21歲 1991 戊寅	31歲 2001 丁丑	41歲 2011 丙子
		51歲 2021 乙亥	61歲 2031 甲戌	71歲 2041 癸酉	81歲 2051 壬申	91歲 2061 辛未

流年	2011	2012	2013	2014	2015	2016	2017	2018	2019	2020
	辛卯	壬辰	癸巳	甲午	乙未	丙申	丁酉	戊戌	己亥	庚子

此女命於 2016 反吟日柱，偏財星受沖剋，此年喪父，不損自己也損他人。

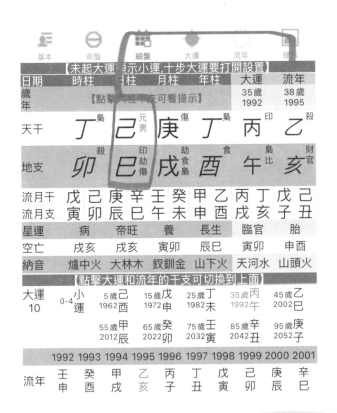

【未起大運顯示小運,十步大運要打開設置】

日期	時柱	日柱	月柱	年柱	大運	流年
歲年		【點擊六柱干支可看提示】			35歲 1992	38歲 1995
天干	丁 梟	己 元男	庚 傷	丁 梟	丙 印	乙 殺
地支	卯 殺	巳 印劫傷	戌 劫食梟	酉 食	午 梟比	亥 財官
流月干 流月支	戊 寅	己 卯	庚 辰	辛 巳	壬 午	癸 未	甲 申	乙 酉	丙 戌	丁 亥	戊 子	己 丑
星運	病	帝旺	養	長生	臨官	胎
空亡	戌亥	戌亥	寅卯	辰巳	寅卯	申酉
納音	爐中火	大林木	釵釧金	山下火	天河水	山頭火

【點擊大運和流年的干支可切換到上面】

| 大運
10 | 0-4 小運 | 5歲 己
1962 酉 | 15歲 戊
1972 申 | 25歲 丁
1982 未 | 35歲 丙
1992 午 | 45歲 乙
2002 巳 |
| | | 55歲 甲
2012 辰 | 65歲 癸
2022 卯 | 75歲 壬
2032 寅 | 85歲 辛
2042 丑 | 95歲 庚
2052 子 |

	1992	1993	1994	1995	1996	1997	1998	1999	2000	2001
流年	壬申	癸酉	甲戌	乙亥	丙子	丁丑	戊寅	己卯	庚辰	辛巳

此男命於 1995 年反吟日柱，命主於此年結婚。

各位偵探團的朋友，不妨找找自己天剋地沖日柱的流年吧！多半都是有大事發生，因為一生人只有兩次機會反吟日柱。

不見之形 無時不有

〈消息賦〉云：「見不見之形，無時不有。抽不抽之緒，萬古聯綿。」

所謂不見之形，即夾拱／暗沖／暗合／暗結。無時不有者，即隨處有之，然而為喜為忌則無一定之法則。

古書有所謂用實不同用虛，因古來奇特格局，如飛天祿馬，拱祿拱貴，六壬趨艮等等，不外乎用虛神。譬如四柱壬寅，壬水不以無根論，四寅暗合起亥，即暗祿，暗合之亥即為虛神也。

又如拱祿拱貴格：

比	日	比	官
丁	丁	丁	壬
未 (午)	巳 (午)	未	子 (聯硃夾拱)

此命己未拱午祿，天干皆丁引起虛神。原註：年支子字，沖出午祿，為大貴之命。祿貴喜合，拱祿格成。

柯南在此提提偵探團的朋友，這類雜格多如牛毛，建議初學者還是依正途捉用神定格局，因此類高級手法不是一般情況下會用到的。

再舉幾個簡單例子闡釋一下：

　　　　　日
　壬　　甲　　庚　　　乙
　申　(子)辰　　辰　　　（暗拱桃花）

　　　　　日
　　　　　甲
　酉　　辰　　未　(卯)亥　　（暗拱,暗沖陽刃）
　　　　　日
　戊　　丙　　己　　　庚
　子　　寅　　　　　　（巳）

　　　　　　　　（丙戊庚暗結巳,拱祿格）

各位偵探了解上面幾條命的虛神吉凶嗎？試思考一下吧，真相永遠只有一個！

發達命格

發達致富為現代社會之普遍心理也。但富命百不得一,有終身窮困者,亦有先貧後富者,如柯南自造,屬先貧後富之命。沒有橫財之命,即使勉強催財求之,必有災難橫禍。

如何從八字中簡單知道自己是否發達命格呢?現列表分析:

1. 日元強,財星強,月令為財星

這裡是指日元地支有比劫(祿/刃)扶助,而剛巧月令為財星,即是何知其人富,財運通門戶。食得起的月令財星便是富有千倉,最少都幾億身家。

2. 日元弱,財星強,中年行比劫運

五言獨步:「有病方為貴,無傷不是奇。格中如去病,財祿兩相隨。」即指財星為忌時,比劫為藥神,大病得大藥救助,自然是中年發財之命。

名偵探八字 之命理一得

3. 食傷生財／取財破印格局（財為用神）

當八字結構中多食傷財星，而地支剛巧有一個或兩個祿刃，這樣多半會構成食傷生財格。用神便是財星了，此時只行食傷／財運便會是富有的生意人。在此列舉幾位富人之命供參考：

傷	日	傷	劫
己	丙	己	丁
丑	午	酉	丑

比	日	比	比
丁	丁	丁	丁
未	酉	未	丑

印	日	財	財
丁	戊	癸	癸
巳	子	亥	酉

柯南學理探討

柯南節錄一下，哪一類人有橫財之命。

八字看哪一類人有偏財／橫財運

1. 庚金、辛金、丁火日元有祿刃及有偏財

2. 局中有祿刃而有偏財透干有力

3. 身強，大運流年補上強勁的偏財星

4. 辛金及癸水日元，金融投機較易發財

真相永遠只有一個！

名偵探八字 之命理一得

破產命格

談完發達命格，接下來自然是破產命格了，一般破產命格具備以下的特點：

八字看哪一類人為破產命格

1. 財多身弱／財黨殺旺攻身，乃破產命也

2. 局中沒有任何財星／財星入墓

3. 身旺無依／局中群比爭財

4. 全局沒有調候，而財極旺

其實以上種種八字結構都是「食唔起財星」，即是財星太強或太弱。多半來說都是理財觀念有問題，或是日常的消費開支太大，常見於欠卡數或是按樓按舖做生意而一無所有。

破產命格：

1. 如身弱財星極旺，大運＋流年：

　　→食傷生財破印，因貪心或女色而破產

2. 如身強多為群比爭財：太大消費

年			乾		運
官	財	殺	劫	乾	財
戊	丙	己	壬	癸	丙
寅	寅	卯	申	巳	辰

（生方怕動庫易開　此年破產）

比	傷	印	財	乾	官
甲	丁	癸	己	甲	辛
午	巳	酉	未	辰	未

（貪財壞印　豈是良人　此年破產）

梟	才	比	殺	乾	梟
辛	丙	癸	己	癸	辛
丑	辰	亥	未	亥	酉

（祿破財傾　命祿將盡　此年破產）

先貧後富與先富後貧

先貧後富或先富後貧，即要看原局的八字喜用集中在年月柱，還是集中在日時柱。

如喜用在年月柱即早年富貴，喜用在日時柱則中晚年白手興家致富，「先食公仔麵，後食鮑魚」總比先富後貧為佳。現以例子分析：

先貧後富：喜用神集結在日柱時柱，中年行大運

命造批算：桃花：癸／子　驛馬：寅／亥

梟	乾	劫	官
壬	甲	乙	辛
申	辰	未	丑

殺印相生 功名顯達

何知其人富 財氣通門戶

命造天乙貴人多助，因此貴人多助，中年行祿刃運致富。

先富後貧：喜用神集結在年柱月柱，中年後無運，而日柱時柱忌神滿佈

財	乾	劫	殺
丙	癸	壬	己
辰	巳	申	卯

此命喜用神在月令，為真神得用，惜日時兩柱忌神滿布。早年在廣州家有私人飛機，然而中年來港後破產，一貧如洗，晚年居住公屋，依靠綜援度過。

因用印忌財，財星居日支和時干，忌神滿佈日柱時柱。此命如若不結婚反而中晚運佳。

大運：

75	65	55	45	35	25	15	5
2014	2004	1994	1984	1974	1964	1954	1944
甲	乙	丙	丁	戊	己	庚	辛
子	丑	寅	卯	辰	巳	午	未

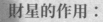

柯南附錄

財星的作用：

財星（正財／偏財）在八字中的現象：

原局遇到正財／偏財可論斷為：

- 財來合我，保證貪錢
- 食傷生財，生意頭腦
- 己土混壬，唯利是圖

大運／流年遇到正財／偏財，身強可論斷為：

· 正財，得財賺錢

·財來合我，錢送上門

· 偏財，橫財就手

· 財來合我，女送上門

· 很多女朋友、玩家

大運／流年遇到正財／偏財，身弱可論斷為：

· 辛苦得財，先得後失

· 得小失大，一貪再貪，負債破產

· 桃花劫，感情債，被女色所累（財破印）

真相永遠只有一個！

祿馬貴人與現代八字運用

祿勳，驛馬，天乙貴人是擇日扶山相主中的三大神煞，尤利祿馬貴人到山合局。柯南在此反而想談談祿馬貴人在現代八字中的運用方式，在此先表列柯南所使用的祿馬貴人。

天乙貴人：貴人多助，遇事有人幫（用年干）

年干	甲	乙	丙	丁	戊	己	庚	辛	壬	癸
天乙貴人	丑未	子申	酉亥	酉亥	丑未	子申	丑未	寅午	卯巳	卯巳

祿勳星：錢財、升職、享受、功名、得獎（日干）

日干	甲	乙	丙	丁	戊	己	庚	辛	壬	癸
祿勳星	寅	卯	巳	午	巳	午	申	酉	亥	子

驛馬星：搬屋、搬公司、移民、勞碌（日干）

日干	甲乙	丙丁戊己	庚辛	壬癸
驛馬星	寅亥	巳寅	申巳	亥申

換言之，天乙貴人是用年干，祿勳和驛馬則是用日干。簡單來說，即日元的長生和祿便是驛馬。接下來便是用例子解說如何運用：

名偵探八字 之命理一得

印	日	印	殺
癸	甲	癸	庚
酉	辰	未	午

（庚年，未為貴人）

如柯南自造，午未合貴人，即天乙貴人起作用，因天乙貴人必須帶合才會產生作用（忌沖），故此平生貴人多助。

傷	日	劫	劫
乙	壬	癸	癸
巳	戌	亥	亥

（癸年，見巳為貴人，壬日見亥為驛馬）

如此男命，年月皆為驛馬之地，然而水旺為忌，劫財陽刃，災殃立至。命主並沒有移民或出國讀書，反而應驗在年少時父親破產而經常搬家。巳火喜神貴人受沖破，平生無貴人之助，亦難以獲得老闆賞識，故屬中年創業之命格。

真相永遠只有一個！

中級

名偵探
之
十神與學理探討

木火傷官官要旺？

不少古書均有記載「傷官格」，如《神峰通考》中，張楠亦提及：「**今則傷官者，則是傷殺其官，不服官管，如弒殺上官之類，則爲強賊化外之民。如此格，就要不見官星，如再見官星，就如打府縣官者，又再去府縣官，則官肯放汝乎？今書止云：『傷官見官，爲禍百端。』而不直言其理。**」

柯南評註：月令傷官或是傷官旺者，多半是反叛或不服從上司之命。此類命格在古代多半會造反叛亂或是自立為皇，需知道中國古代最著重君臣父子，故此傷官見官被評為十惡不赦。但在現代，傷官旺卻是十分常見之命格，女命更是十個有七個都是，相反，那些財官印兼備的賢妻良母，現已成為了傳說中的生物。所以傷官格除了有叛逆改革之人，亦同樣有成功人士。

古書有五句專論傷官格的詩句，而其中開首的便是：「**木火傷官官要旺。**」

即是木日元在巳午未月（夏天）出世，木日元火傷官，官星旺（金旺）去生水（調候）。

這裡產生了一個問題，到底怎樣才是木日元在夏天**比較理想的木火傷官格**呢？

柯南在此為偵探團的朋友分析一下：

1. 木日元弱，金水旺

此類為夏木傷官正格，一般是水為用神，多半是殺印／官印／傷官配印（傷印）格。

2. 木日元弱，金旺，無水

官要旺在此情況下用途不大，如地支無寅卯更是「食唔起」財星，屬偏枯的一般人，此時乙木日元比甲木日元「著數」。

3. 木日元弱，火土旺，無金水

此類命絕對是爛命一條，火太旺更是「唔行得」水運（衰者沖旺旺神發），乃破產負債之命。

4. 木日元強，金旺水旺

此類命格多半是用金，要視乎是甲木或乙木日元。乙木日元有機會用火。

5. 木日元強，金旺，無水

此情況同上，但無水偏枯，命格難臻上品。

6. 木日元強，全火土，無金水

此情況無水不如不見水。此類情況一般都是用火或用土，即食傷生財格。

名偵探八字 之 命理一得

柯南學理探討

柯南在此節錄了一些木火傷官的命例給各位思考和批算，
請選出最好和最差的命吧！

（一）

印	日	印	殺
癸	甲	癸	庚
酉	辰	未	午

（二）

才	日	殺	劫
己	乙	辛	甲
卯	巳	未	戌

（三）

梟	日	劫	官
壬	甲	乙	辛
申	辰	未	丑

（四）

官	日	財	印
辛	甲	己	癸
未	辰	未	酉

(五)

食　日　才　才
丙　甲　戊　戊
寅　申　午　辰

(六)

官　日　食　傷
辛　甲　丙　丁
未　寅　午　巳

真相永遠
只有一個！

名偵探八字 之命理一得

夏天無水，就是爛命一條嗎？

學生嘉嘉：「得啦！唔使再提我，夏天無水就係爛命呀！」

坊間有不少八字書，都寫「夏天要見水，冬天要見火。」這樣就是靚命，又或是五行流通就是好命了。

但值得反思的是，夏天如果無水，就是爛命一條嗎？答案當然是不一定。現在柯南舉一女命例來解釋一下。

才	日	殺	劫
己	乙	辛	甲
卯	巳	未	戌

此命乙木日元生於未月，所謂「**乙木疊逢離位，名為氣散之文**。」意指夏木被當令的火洩氣，必須取水制傷官及調候，此造藤蘿系甲，弱中轉旺，反為夏木之變格。請注意，柯南所說的變格不是從兒或從財格。

而是夏天乙木正用是癸水，此命不是用癸水，所以是「體用之變」，可惜坊間的書本能有系統地解讀的體用者甚少。

此女命如以「**有殺先論殺，無殺方論用**」去處理，必然引致批算錯誤。正確方法需要知道陰陽日元強弱之奧妙，乙木干性上喜丙癸，此造陰干透陽，弱中轉旺，有殺不論而用神是巳火（有不少人會捉錯，認為是用水／用金／財多身弱用比劫／用殺）。

才	日	殺	劫
己	乙	辛	甲
卯	巳	未	戌

格局用神是巳火，故此女命必然會嫁到好老公，因日支夫妻宮是用神之故。至於「日坐傷官好罵夫或離婚」這些簡單手法在此不贅。偵探團的朋友應思考一下，為什麼就算好罵夫或離婚，一樣可以嫁到好老公。另外，拆局論用要從多角度去思考，一旦用神捉錯了，吉凶便會完全相反。

古法批女命，以日時為夫家，正好配合此女中年運行丁卯丙寅大運，原命四柱又再一次與大運相配。此命尚年輕，但現時的生活已是兩餐無憂，可見即使無水，在夏天出世亦不一定是劣命。

柯南學理探討

柯南在此留幾個線索讓大家思考一下：

1　此命算不算傷官見官／傷官制殺？

2　此命巳未卯戌合，算不算火旺？

3　當中的甲己化土，有什麼現象可推測？

真相永遠只有一個！
印定卡片！

辦公時間下午
14:00 - 21:00

宗教自由
懷疑莫問

印定卡片
八字神算

土金官去反為官

土金傷官格亦是坊間常見批算錯誤得較為離譜的格局之一，此言土日元在秋天，或是四季月，必須金旺，方是上格 **（土逢季月見金多，終為貴論，在未月尤甚）**。但坊間常見於身強比劫旺，四季月喜官殺（木），不知土日元在四季月忌（寅卯－官殺）所以不要官殺（官去）。金旺無木才是最大格局。

什麼身強身弱，自黨異黨，四季月土旺喜官殺只會鬧出一個人笑話。

真相永遠只有一個！

有什麼經典例子可說明土金傷官格呢？且先看蔣介石先生之例：

食	日	傷	梟
辛	己	庚	丁
未	巳	戌	亥

己巳日生於秋天，巳未夾祿（午），所謂金神入火鄉，富貴天下享。蔣介石先生曾貴為國民黨領袖，然而土金官去反成官，此命格最忌寅卯，因原局官殺去得乾乾淨淨，將交庚寅辛卯年便戰敗而退守台灣，寅卯大運亦只是在台灣度過餘生（忌寅卯木）。

傷　日　傷　財
庚　己　庚　壬
午　酉　戌　午

此為民國軍閥馮玉祥之命，同樣是土金傷官配印，一樣是原局無寅卯木，所以能當大軍閥。1948 年 9 月 1 日（水旺）死於船上失火，反吟太歲之年，剛巧天戰猶自可，地戰急如火。

那麼在現代又怎樣呢？柯南以一現代女子分析一下：

日期歲年	時柱	日柱	月柱	年柱	大運 29歲 2021	流年 30歲 2022
	【點擊六柱干支可看提示】					
天干	己 比	己 元女	丁 梟	壬 財	甲 官	壬 財
地支	巳 印劫傷	酉 食梟殺	未 比財劫	申 傷財劫	辰 劫印才	寅 官印劫
流月干 流月支	壬 寅	癸 卯	甲 辰	乙 巳	丙 午	丁 未	戊 申	己 酉	庚 戌	辛 亥	壬 子	癸 丑
星運	帝旺	長生	冠帶	沐浴	衰	死
空亡	戌亥	寅卯	寅卯	戌亥	寅卯	辰巳
納音	大林木	大驛土	天河水	劍鋒金	佛燈火	金簿金

【點擊大運和流年的干支可切換到上面】

| 大運 10 | 0-8 小運 | 9歲丙 2001年 | 19歲乙 2011巳 | 29歲甲 2021辰 | 39歲癸 2031卯 | 49歲壬 2041寅 |
| | | 59歲辛 2051丑 | 69歲庚 2061子 | 79歲己 2071亥 | 89歲戊 2081戌 | 99歲丁 2091酉 |

| 流年 | 2021 辛丑 | 2022 壬寅 | 2023 癸卯 | 2024 甲辰 | 2025 乙巳 | 2026 丙午 | 2027 丁未 | 2028 戊申 | 2029 己酉 | 2030 庚戌 |

名偵探八字 之命理一得

己酉日未月，金旺無木。正合乎：「土逢季月見金多，終為貴論之命。」故此命在英國碩士畢業回港，現為執業會計師，只要別太貪心（己土混壬），便可保證前途無可限量。

大家猜猜，她在壬寅年會發生什麼事呢？

金水傷官喜見官？

遷清鼎甲，則有終身沉淪不位者，同一鼎甲，高低判若天淵，何所根據以論定乎。

金水傷官

格局之中，以傷官格變化最多，尤以金水傷官為不易看，今人熟聞金水傷官喜見官之說，以為必用官星（取南方運），此大誤也。要知傷官皆忌見官，獨有金水傷官，調候為急，不忌見官，正與甲乙生夏，丙丁生秋同論。然木火皆喜用印，獨木金水忌濁，不宜見戊己印。金聲玉振賦云：金水固聰明，有土反成頑懵是也，扶助庚辛，惟用比刦。書云：傷官不忌刦財鄉，在金水傷官最喜刦財鄉；（金水傷官喜見官，當云金水傷官不忌官，方不致誤。）如陳某命：乙丑、丁亥、庚子、壬午，又一造：辛亥、己亥、辛卯、甲午，皆喜行比刦旺地，但南方官熱運亦不忌，此為金水傷官特殊之點，此類命造，大都早年困厄，富貴貴輕，又近見一造：丁未、壬子、庚申、庚辰，亦喜比刦，此明證也。又友人某命：癸巳、庚申、庚子、庚辰，雖生於七月，所申子辰會局，水旺金洩，格成非欄叉，然細思之，亦喜比刦扶助為美，至於井欄叉飛天祿馬等格，名

命理一得

二五

坊間常提及「**金水傷官喜見官**」，到底是真或是假？

金水傷官的定義又是什麼呢？

金水傷官是指金日元，生於冬天（以亥／子月為最驗），月令是傷官（水），一般古書稱為金水傷官格。喜見官的意思是指在冬天調候為急，要取火（官星）作調候暖局（寒暖濕燥），但注意這不等於格局用神！

甚少古書會提及怎樣捉用神和拆局才能知道大運流年的好壞。雖然《命理一得》就有詳細的解釋，但初學者根本難以理解。

名偵探八字 之命理一得

在此，柯南以師承一脈八字神算註解一下：

「格局之中，以傷官格變化最多。」月令為傷官的格分別五種，每種的處理手法各有不同。木火傷官官要旺，火土傷官宜傷盡，土金官去反成官，金水傷官喜見官，水木傷官喜財官。

「今人熟聞金水傷官喜見官之說，以為必用官星，取南方運，此大誤也。」金水傷官能否用官星作格局及調候用神，必須兼看源流及日元的干性喜忌。一般來說，天干丙丁運年較有名利，而地支巳午運年都是多災多難。

「金聲玉振賦云：金水固聰明，有土反成頑儒。」如果以坊間的身強身弱批算，必以為身弱用印比，不知金日元喜比劫（金）生助，反而最忌戊己土（印），如地支辰戌土旺更是「頑儒」，即頑固的學者。故此扶助庚辛，惟用比劫，「喜金忌土」。

「傷官最喜劫財鄉」金水傷官格，最喜祿刃運。

「金水傷官此類命造，大都早年困厄，富重貴輕。」金水傷官此類命官，如無祿刃，大都早年家庭破碎或家道中落，中年如得「申／酉／庚／辛」運年扶助，必定扶搖直上、發財，但社會地位不高。

 （如有不明白的地方，可到柯南的網站 https://paulfengshui.com/ 查看。）

柯南有幾個問題給偵探團的朋友去思考：

1 金水傷官格的格局用神和調候用神是什麼？

2 為什麼金水傷官最忌戊己辰戌土？

3 什麼類型的金水傷官格會忌巳火午火？

4 金水傷官格，有祿刃和無祿刃的分別在現代的現象是什麼？

5 庚金日元和辛金日元的金水傷官格有什麼大分別？

6 高格局和中低格局的金水傷官格有什麼分別？

謎底在此解開！答案：

1. 原局有祿刃用水，無即用金，調候是火。

2. 因為金日元本質上忌土多，四季皆是。

3. 沒有祿刃或寅木通關。

4. 在於能否用到月令食傷，有祿刃就能用到。

5. 庚金日元有機會用火，辛金多數用水。

6. 要視乎有沒有祿刃和寅木，兩者皆有就是高格局，若兩者缺一即是中格，兩者原局皆無即為下格。

名偵探八字 之命理一得

合有宜不宜之六合為禍

《滴天髓》：「合有宜不宜，合多不為奇。」

現代坊間的師傅皆知沖太歲為禍，又或是多「天剋地沖」易
招橫禍，而不知六合之為禍，有時更有甚於沖者。古訣云：
「六合為災不可當，官符亡劫一般詳。」又云：「合來神
煞便為凶，神煞如何一樣同。」意指六合不會因合多聚氣，
而令命格為好命。合出用神則吉，合起忌神則凶。

合則氣聚，沖則氣散，然而合起忌神，忌神氣聚隨時招致殺
身之禍，如民國官員，李國杰之命。

劫	日	劫	劫	運	年	月	日
辛	庚	辛	辛	乙	己	丙	丁
巳	申	丑	巳	未	卯	寅	亥

至乙未運己卯年丙寅日丁亥時，乙庚合，申巳合，寅亥合，
卯未合。全局多合，亡劫不宜真六合，人不傷我我傷人。加
上生方怕動之地集齊寅申巳亥，此日被槍擊刺殺殞命。

真命天子與現代合婚

從事風水命理行業至今,基本上有 80% 的女客人都是來問姻緣或是真命天子。近年更多了一些年輕男士來問真命天女,可見香港人對於愛情可謂翹首跂踵。有鑑於此,柯南接下來會介紹幾種現代的合婚方法,務求令到「人人有得揀」!

1. 日元合婚:

現在坊間常見的日元相合,甲己合,丙辛合等等,這些方法據柯南的調查和驗證皆是不管用的,情況有如「硬配」。這些古老的合婚法,在現在只會加快離婚或導致家破人亡。以柯南的經驗,以日元配婚比較簡單實際。

甲木日元宜配:甲／乙／庚日

乙木日元宜配:甲／乙日

丙火日元宜配:丙／壬日

丁火日元宜配:辛／壬／甲日

戊土日元宜配:甲／庚日

己土日元宜配:己／丙／甲日

庚金日元宜配:甲／丙日

辛金日元宜配:丁／甲日

壬水日元宜配:壬／甲／丙日

癸水日元宜配:壬／丙／甲日

2. 命卦合婚：

命卦就比較簡單，取合十便可，如 19 28 37 46 合十，或是合生成數 16 27 38 49，勿取比和或相剋，例如 99 22 24 36。

柯南附上命卦表供大家查閱（在此特別鳴謝學生占士陳提供命卦表）：

1900~2099年男女年命卦

年	男	女	年	男	女	年	男	女	年	男	女
1940	6	9	1980	2	4	2020	7	8	2060	3	3
1941	2	1	1981	1	8	2021	6	9	2061	2	4
1942	4	2	1982	9	6	2022	2	1	2062	1	8
1943	3	3	1983	8	7	2023	4	2	2063	9	6
1944	2	4	1984	7	8	2024	3	3	2064	8	7
1945	1	8	1985	6	9	2025	2	4	2065	7	8
1946	9	6	1986	2	1	2026	1	8	2066	6	9
1947	8	7	1987	4	2	2027	9	6	2067	2	1
1948	7	8	1988	3	3	2028	8	7	2068	4	2
1949	6	9	1989	2	4	2029	7	8	2069	3	3
1950	2	1	1990	1	8	2030	6	9	2070	2	4
1951	4	2	1991	9	6	2031	2	1	2071	1	8
1952	3	3	1992	8	7	2032	4	2	2072	9	6
1953	2	4	1993	7	8	2033	3	3	2073	8	7
1954	1	8	1994	6	9	2034	2	4	2074	7	8
1955	9	6	1995	2	1	2035	1	8	2075	6	9
1956	8	7	1996	4	2	2036	9	6	2076	2	1
1957	7	8	1997	3	3	2037	8	7	2077	4	2
1958	6	9	1998	2	4	2038	7	8	2078	3	3
1959	2	1	1999	1	8	2039	6	9	2079	2	4
1960	4	2	2000	9	6	2040	2	1	2080	1	8
1961	3	3	2001	8	7	2041	4	2	2081	9	6
1962	2	4	2002	7	8	2042	3	3	2082	8	7
1963	1	8	2003	6	9	2043	2	4	2083	7	8
1964	9	6	2004	2	1	2044	1	8	2084	6	9
1965	8	7	2005	4	2	2045	9	6	2085	2	1
1966	7	8	2006	3	3	2046	8	7	2086	4	2
1967	6	9	2007	2	4	2047	7	8	2087	3	3
1968	2	1	2008	1	8	2048	6	9	2088	2	4
1969	4	2	2009	9	6	2049	2	1	2089	1	8
1970	3	3	2010	8	7	2050	4	2	2090	9	6
1971	2	4	2011	7	8	2051	3	3	2091	8	7
1972	1	8	2012	6	9	2052	2	4	2092	7	8
1973	9	6	2013	2	1	2053	1	8	2093	6	9
1974	8	7	2014	4	2	2054	9	6	2094	2	1
1975	7	8	2015	3	3	2055	8	7	2095	4	2
1976	6	9	2016	2	4	2056	7	8	2096	3	3
1977	2	1	2017	1	8	2057	6	9	2097	2	4
1978	4	2	2018	9	6	2058	2	1	2098	1	8
1979	3	3	2019	8	7	2059	4	2	2099	9	6

3. 八字命宮合婚：

至於八字命宮合婚，大家可以用八字 Apps 排出自己命盤。
命宮和夫妻宮必然是對沖的，故另一半宜「命宮對沖」宮位，
即是：

子一午

丑一未

寅一申

卯一酉

辰一戌

巳一亥

星座	獅子座 (Leo)
二十八星宿	井宿 (南朱雀)
空亡 (年日)	戌亥 寅卯
命宮 ——————→	戊子 (霹靂火)
胎元	甲戌 (山頭火)
胎息	己酉 (大驛土)
身宮	辛巳 (白臘金)

如柯南的命宮是子，即夫妻宮是午。老婆命宮宜配午宮，會
比較長久。

名偵探八字 之命理一得

4. 天星合婚：

在天星方面，金星是愛情之星，故雙方的金星應與太陽月亮有合相。簡單來說，例如柯南的金星在巨蟹座，對方的太陽／月亮應在巨蟹座會較為合適。至於你的金星太陽月亮在什麼宮位，用網上的西洋占星排盤就一目了然了。

以柯南的批算經驗來說，現代合婚可謂是登天之難度，因為來算命擇日的客人多數已經是準備註冊結婚了，如果你用以上四種合婚方式夾一夾，多數都是四樣都不中。此時，若老實告知客人「唔夾」，隨時招致殺身之禍。所以師傅教導柯南，大部分時間幫客人擇日合婚，都是必然萬年好合。

在此，柯南有一言奉勸偵探團的朋友，四項條件中兩項已經算是十分難得，可謂世間罕見。但結了婚，生了子女，又查到四項都不中，都不要氣餒，因為幸福美滿的家庭本來就不多。現代人很小事就鬧離婚，見怪不怪。

如果「唔夾」又怎樣？柯南常見最多都是官非失業、癌症、破產、離婚。

我是二奶命嗎？

古時流行「鐵口論命」，例如命中註定幾歲結婚、幾歲生子、有多少子女等等，在現今變化萬千的大數據時代已不管用。而最離譜就是有一些江湖術士經常欺騙一些無知少女，說對方是小三命（即二奶命），這類八字結構很容易看，多半都是「透比劫」或「官殺被爭合」，例如：

<table>
<tr><td>日</td><td>殺</td><td>劫</td><td></td></tr>
<tr><td>庚</td><td>丙</td><td>辛</td><td>（官殺被爭合）</td></tr>
</table>

<table>
<tr><td>日</td><td>劫</td><td>才</td><td></td></tr>
<tr><td>壬</td><td>癸</td><td>丙</td><td>（月透劫財）</td></tr>
</table>

這類低水平的鐵口論命方式，在現今這個網路時代恐怕只能收取約 $300 的算命費。所以風水命理都應該與時並進，不是鐵口批算客人幾時死亡，而是幫客人打破宿命。

依柯南所見，現今香港女士的命格一般有幾個特徵：

1. 比劫旺

2. 傷官旺

3. 火炎土燥，水極弱／無

4. 年月／日時反吟

名偵探八字 之命理一得

如果以一般水平的師傅批算，必然又是剋夫命、女強人、姻緣薄弱等等。

可惜的是，這些女命在現今多數經已結婚，甚至有數個子女，有些更是幸福美滿的家庭。時代不同了，八字的批算方法亦要隨時代改變。

所以大家不要自恃略懂八字，見女命比劫旺，或日支多爭合，就鐵批別人是二奶命或離婚命。在柯南教八字班的姻緣篇，有現代批姻緣的進化手法，當中會教授大家如何批算現代香港女士的命格，有興趣的朋友可以去報讀。

古代與現代女命之批算方法

在古代，女命與男命的批算方法皆不同，然而非命理有殊，而是女性與男性的社會地位懸殊。從前中國是男尊女卑的社會，婦女只須在家相夫教子，服侍丈夫，以及照顧子女便是一條好命了（當然當中涉及合婚和生育問題）。但現在社會的模式和結構已經不同，隨著第二次世界大戰，婦女投入職場，女權主義萌芽，相信到九運（2024-2043）時會出現更多的女性領導人。

至於古代的女命應如何批算呢？柯南認為大致有幾個要點：

1. 注意財官印三者的旺弱，以財官為佳。

2. 官殺最好明現有情，而相合日元。

3. 日柱時柱為丈夫子女，故日時為喜用神者，容易夫榮子貴。

4. 古時最忌「傷官旺，剋官星」，因為屬剋夫之命也，丈夫容易災病和短壽。

那麼現代的女命又如何呢？

1. 財滋弱殺須視乎財星的旺弱。

2. 傷官旺之命，不一定以官殺為夫星。

3. 女強人之命，多半是財官偏弱。

4. 在現代的女命很少財官印兼備，如硬著頭皮要選老婆，選財旺的一般較安全。

柯南希望以上的條件能夠幫助偵探團的朋友批算現代的女命。

畢竟所有科學或是學問都會隨著時代而進步，例如原子筆的發明便是因二戰時期，為了空軍可在行軍時方便筆錄而不斷改進和普及化。

所以柯南亦希望提升同行的八字批算水平和手法，與時並進。但當然要有一定的古書理論基礎，才能有自己的批算手法。

在此，柯南要再三提醒各位偵探團的朋友，不要見傷官旺就批算別人是傷官見官，為禍百端了。

女命八法八格閒談

不知道為什麼有部分的行家十分迷戀女命的八法和八格,這種八法八格在《三命通會》中有詳細的解釋,柯南在此會簡單表列和談談如何簡單靈活地運用這類批算手法。

女命八法:「純和清貴　濁濫娼淫」

純:此主官星一位,為人忠於丈夫(概官殺為夫,多丈夫則濫。)

和:柱中無沖無反伏吟(柱中多沖主多變化,即無日安寧。)

清:命格是靚命(真神得用或用神是正官貴顯。)

貴:官星貴顯,主有官貴(財旺護官,老公有錢有工開。)

濁:忌神旺或破格之命(命格差的自然難享夫福了。)

濫:官殺多,多爭合日元(概官殺多暗合多,情緣多而亂。)

娼:娼妓之命一般都是缺乏調候(傷官旺財旺又偏枯,為娼妓之命。)

淫:柱中官殺旺而合多(如加上金水旺,主情慾旺盛。)

柯南建議偵探團的朋友可以用表格方式逐格剔,中哪一樣就剔哪一樣。當然,剔中「衰嘢」都不要太直接講出來。

名偵探八字 之命理一得

女命八格：

1. **旺夫傷子**（官星旺而剋死食傷。）

2. **旺子傷夫**（食傷旺而剋死官殺。）

3. **傷夫剋子**（日時皆忌神犯旺，中晚運不佳。）

4. **安靜守分**（女旺官／印為用神明透有情。）

5. **橫死夭折**（不局限於女命，男女皆會因財黨殺旺攻身或制
   死用神而壽夭。）

6. **福壽兩備**（世上福壽兩備的人可謂極為少數，其實只是指
   喜用神得力而中晚運佳。）

7. **正偏自處**（即老公有二奶或外遇，此時尤以夫星為官星被
   比劫爭合最驗。）

8. **招嫁不定**（柱中有官星爭合日元，尤以陰日元最為應驗。）

這類八格是指「一種情況」，即是一種八字結構。但「十隻
手指有長短」，一條命有優點就必然有缺點，柯南認為凡事
不用太執著，只要不是橫死夭折就可以了。

論命運與趨吉避凶

「命運」兩字，非易言也，人生吉凶喜忌，從人與人之間的比較而來，故沒有一定的標準。

例如在二戰時期，有兩餐溫飽已經算是中上命了，因為大部分的人連「食都無得食」，而現在疫情嚴峻，百業蕭條，能維持經營，又有可觀的利潤已經算是不錯了。所以運氣這麼虛無縹緲的東西，在很多情況下，都是從當時的社會結構比較而來的。

語云：「有病方知健為仙，當其無病之時，焉知康健之為福。」此其命運難言之第一點。

八字格局有高低，地位亦有高低。小小之功名富貴，在上等格局中，或不必於順便之，方能得之。但在下等格局，小小的升職或加薪，或已視為畢生莫大之幸運。貧人視幾萬元為大財，富人或不足以付一餐之費用，此為命運難言之第二點。

得馬安知非禍，失馬安知非福，逆運之中，非無意外之收獲。順運之中，亦有挫敗之機。一時休咎，不足為吉凶之定論。故柯南時常提醒學生在算命時不要「睇現況」，見別人現況差就批別人是爛命一條，很多時不過是一時之惡運。

財	日	比	官
庚	丁	丁	壬
戌	未	未	午

大運：

50	40	30	20	10
壬	辛	庚	己	戊
子	亥	戌	酉	申

丁火日元忌日元旺，丁火生於夏天，火炎土燥，必以壬水官
星為用。壬水於未月無氣，必以庚金發水之源。壬水在年上，
承祖蔭，喜用居年月，祖上興奮或富貴。無如地支庚壬皆無
根，一生最盛之運，應在亥及壬運。惜至辛運中，流年乙丑，
命主突然中暑逝世。

				運	年
財	日	比	官	才	梟
庚	丁	丁	壬	辛	乙
戌	未	未	午	亥	丑

所以有命無運，不能發達；有運無命，亦難發達。此為命運
難言之第三點。此造實為「有運無命」，故將交好運，立即
夭壽。至於「有命無運」者，更是屢見不鮮。故庸庸碌碌者，
滔滔天下皆是。此處柯南教導一下偵探團的朋友，如何根據
忌神來趨吉避凶。

破格的現象與趨避方法：

1 財破印：忌酒色財氣，妻子靠害。

2 食傷逢梟：宜多交際應酬。

3 官殺剋比劫（殺攻身）：實事求事，勿眼高手低。

4 食傷旺制官殺太過／泄身太過：少說話多做事，不要「下下搞上市」。

5 比劫旺剋財：節省各項消費開支。

希望各位偵探團的朋友能自行趨吉避凶。

名偵探八字 之命理一得

福命論與壽元

凡人之命運，各有其應得之福命。富貴貧賤應達至什麼等級？命格大致分為上、中、下三個等級。然而，論命時批斷上中下命，或大運吉凶容易，但論一個人的福氣（即福命）甚難。

寒暖濕燥清濁配合之間，批算之經驗既多，自然有一種心領神會，難以以言語或文字表達。所以建議多有系統地批命，讀書之法仕循序而漸進，熟讀而精思。

凡人生所處的身份與地位，若超過其福命所應得，輕船重載，非傾覆不止。若未到其福命應有之地位，雖逆運亦有進步，幾歷艱苦，卒底於成是也。

在批算八字時，若論一個人的福氣和壽元，必須留意當時人屬於「已發達」還是「未發達」。所謂已發達者，即其所處之身位地位，已到其福命所應有，如一朵花已盛開，不經風雨矣。倘若批算八字時，發現客人是中上命格，中晚年才行人生最好的大運，即是「未發達」，即使遇上大災難亦不會致死。

情況有如桑德斯上校（肯德基伯伯）在 66 歲的時候，因 75 號州際公路修路而被迫賣掉餐廳，依靠每月 105 美元的社會救濟金生活，而那點錢根本不夠用。據說他在嘗試推廣自己的炸雞時，被拒絕了 1009 次，直到第 1010 次才成功。

簡單來說，有其命必有其運，即「未發達無咁容易死」。

人的福命所應有（職業或人生方向），則左右逢源，水到渠成，機緣湊合而圓滿達成。

非其福命所應有，則步步荊棘，事倍功半，勉強進行而不能圓滿。

至於是什麼決定你的人生方向呢？當然是你的日元，用神和格局了！

真相永遠
只有一個！

名偵探八字 之命理一得

命學大師任氏與徐氏

古時的命理大師如張楠、任鐵樵、徐樂吾、袁樹珊、韋千里等等，都有批算自己的命造，而大師們的命格一般都有幾個特點：

1. 命格調候較弱，即屬偏枯之命

2. 都是比劫旺／傷官旺之命

3. 早年生活困苦或官場無緣

在此柯南引用任鐵樵和徐樂吾的八字自批，再加一些評注，以紀念兩位大師。

任鐵樵氏之命：

殺	日	食	官
壬	丙	戊	癸
辰	午	午	巳

「此鐵樵自造，亦長夏天，與前造只換一丑字，天淵之隔矣！夫丑乃北方之濕土，能晦丙火之烈，能收午火之焰，又能蓄水藏金。巳乃南方之旺火，癸臨絕地，杯水輿薪。喜其混也，不喜其清也。彼則戊癸合而不化，此則戊癸合而必化，不但不能助殺，抑且化水為劫，反助陽刃猖狂。」

柯南評注：丙火日元生於夏天，必須見庚壬方為上格，此命有壬水，但缺金發水源，水絕於巳。火旺合局而引致滴水逼乾，破格已成。

「巳中庚金，無從引助，壬水雖通根身庫，總之無金滋助，清枯之象。兼走四十載木火，生助劫刃之地，所以上不能繼父志以成名，下不能守田園而創業，骨肉六親，直同畫餅，半生事業，亦似浮雲。」

柯南評注：此處任氏解釋壬水雖然得水庫（辰）之助力，然而夏天無金發水源為清枯之象。故此無官做之餘，連小生意都做不成，六親子女皆亡，半生潦倒，皆因用神剋絕。

「至卯運，壬水絕地，陽刃逢生，遭骨肉之變，以致傾家蕩產。猶憶未學命時，請人推算，一味虛褒，以為名列自如，後竟一毫不驗，豈不痛哉！」

柯南評注：水到卯中傷，用神（水）忌臨死絕之地。於此運家破人亡，任氏回憶小時候請一些江湖術士算命，不斷誇讚他是大吉命盤，後來竟毫不應驗。

「且予賦性偏濁，喜誠實不喜虛浮，無諂態，多傲慢，交遊往來，每落落難合，所凜凜者，吾祖吾父，忠厚之訓，不敢失墜耳。」

名偵探八字 之命理一得

柯南評注：由於比劫陽刃過旺，故為人衝動性急難相處，因此與人往來多半是不歡而散。

「先嚴逝後，家業凋零，潛心學命，為餬口之計。夫六尺之軀，非無遠圖之志，徒以末技見哂，自思命運不濟，無益於事，所以涸轍之鮒，僅邀升斗之水，限於地，困於時。嗟乎！莫非命也！順受其正，云爾！」

柯南評注：由於任氏一事無成又家破人亡，為生活之計，唯有為人算命。任氏後天亦重編、增註《滴天髓》，因此我們今天有幸閱讀由任氏編製的《滴天髓徵義》，本人仕此感謝任氏對子平命學的貢獻。

徐樂吾先賢之命：

比	日	殺	比
丙	丙	壬	丙
申	申	辰	戌
		戊	
		乙印	
		癸	

「從前未解命理，請術者推算，或者以干透三朋，獨殺透清，謬以有為相許，或者以丙臨申位逢壬水，夭壽之徵，危言聳聽，余以其所言未能滿意，發心自己研究，始知術者之言，皆不相干。」

柯南評注：徐氏開首與任氏一樣，都是申訴自己小時候被江湖術士批命，不是批得很好就是很衰，拋一些詩句如同交功課，根本沒有學理基礎去批算。

「天干三丙，通根戌庫，弱中之旺。三月火相，必須壬甲並透，蓋丙為太陽之火，不畏水剋，反喜其潤，若無壬水透出，必愚蠢下賤，而非現在之地位也。」

柯南評注：此言天干三丙，由於辰月濕土晦火，丙火較弱，必須見甲木生火。干性上喜壬水和甲木。樂吾先賢只見壬水，而不見甲木，故只屬中下的格局，若無壬水透出更是下等命格。

「但用殺不可以例言制，壬水通根於申，又得辰申相拱，獨殺頗強，丙臨申位絕地，雖通根戌庫，干得比助，決非其敵，必須用印以化之，四柱不見甲乙，此所以壯不能用，老無能為。」

柯南評注：此處徐氏逐步「拆命推理」，指出壬水地支得申辰拱會，而且申是水的長生。天干不見甲乙印星化殺生身，故此丙火面臨殺旺攻身。

「年上干比支墓，所以出身世族，椿萱早失；印綬不見，萱蔭亦不常；三比幫身，故弟兄三人，頗得互助之益，才滋殺為忌，土晦火亦非喜，故妻子均不得力。」

名偵探八字 之命理一得

柯南評注：由於丙火忌弱，天干三丙源自年支戌（火庫），加上缺乏甲木照火，印星是貴人、長輩和家庭，故此沒有祖產繼承。然而殺旺攻身的情況下，忌財生殺，日支（妻）時支（子女）皆為財星生殺，故妻子皆無助力。

「丙為太陽之火，四柱純陽，故性情燥急孤傲，落落難合也。行運癸水助殺，大病幾殆，幸坐巳火，轉危為安，十四歲失怙（即是年喪父），家庭多故，巳運丙火得祿，讀書考試尚利，得列庠序（名列前矛）。」

柯南評注：由於早年癸運殺旺攻身，加上本命印星入墓，故行癸運時大病幾場，父親亦於其 14 歲時過身。巳運木火流年丙火得祿而旺，故讀書考試尚利。

「甲運偏印化煞，可惜局中甲木無根，雖出場甚利，置身政界，不能有所作為。午運丙火祿旺，值光復，諸事甚利。」

柯南評注：甲木此運為真神得用，補原局之不足。所謂時來寒谷也回春，故此能進身官場任職官員，諸事順利。

「乙運甲寅乙卯年，運歲均吉，再入政界，承上峰青睞，前途似有無限希望，亦以局中無根，虛花而已，未運燥土晦火，丙火不畏水剋，獨忌土之洩氣晦光，一病數年，，精神委頓。四十一歲丙寅年，一交丙運，不藥而愈。比肩

分財，雖無大利，然而幫身為吉。申運財來滋煞，流年壬申癸酉，遭一二八之變，幾乎傾家蕩產，尚幸丙火蓋頭，不致一敗塗地，無以立足。」

柯南評注：「根在苗先，實在花後」，意指原局干性和用神有否根源的重要性，故此只有木運或木流年比較順利。一交丙申運壬申癸酉年，丙臨申位逢陽水難獲延年之象，故此日本侵華而引致傾家蕩產。

「現尚在申運，雖流年尚利，未敢妄動也。將來丁運合壬化煞，在運為佳，然而年已五十外，老無能為，或者不致有衣食虞乎。酉運同申，其勢較緩，或不致再遭大變如一二八之役乎。戌運燥土晦火，壽元至此而終，如六十一歲不死，當至六十三四。」

柯南評注：徐氏在此指出丙火日元最忌戊土晦火，所以壽元應至戊戌此運而終。果於戊戌運戊子年因心臟病離世。

「樂吾先賢，以心臟病不治，而死於六十三歲戊戌運戊子年。」

徐樂吾大師遺下不少命學巨著，如《造化元鑰評註》、《滴天髓補註》、《子平真詮評注》及《命理一得》等等，柯南隨筆系列的第一本書，亦以《命理一得》為此書之名，是為了紀念徐樂吾先賢對子平八字命學的貢獻。

名偵探八字 之命理一得

從格與專旺的迷思

坊間的八字書籍，不知為何總是喜歡假從／假專旺，反而按正常格局去拆命推理的為數不多。較常見是拆不到的命就判為假專旺，又或者由原本的四柱八字加至 56789 條柱去批算。連四條柱都未能批算正確，又怎能加入刻、運、年、月、日，去批算準確呢？

柯南想在此討論一下「從格」和「專旺」。據柯南的批算經驗，大約一百條命多半有一至兩條是從格，至於真從還是假從就要再作識別（從得真者只論從，從神又有吉與凶）。

但是所謂的專旺或假專旺就真是少之又少，柯南拿兩個例子給大家看看：

天干	乙 財	庚 元男	乙 財	庚 比	己 印	戊 梟
地支	酉	戌 劫官	酉	申 比食梟	丑 印傷劫	戌 梟劫官
流月干	甲	乙	丙	丁	戊	己	庚	辛	壬	癸	甲	乙
流月支	寅	卯	辰	巳	午	未	申	酉	戌	亥	子	丑
星運	帝旺	衰	帝旺	臨官	墓	衰
空亡	午未	寅卯	午未	子丑	午未	辰巳
納音	井泉水	釵釧金	井泉水	石榴木	霹靂火	平地木

【點擊大運和流年的干支可切換到上面】

大運 10	0-1 小運	2歲丙戌 1982	12歲丁亥 1992	22歲戊子 2002	32歲己丑 2012	42歲庚寅 2022
		52歲辛卯 2032	62歲壬辰 2042	72歲癸巳 2052	82歲甲午 2062	92歲乙未 2072

流年	2012	2013	2014	2015	2016	2017	2018	2019	2020	2021
	壬辰	癸巳	甲午	乙未	丙申	丁酉	戊戌	己亥	庚子	辛丑

天干	甲 才	庚 元男	庚 比	丁 官	丙 殺	丁
地支	申 比食梟	申 比食梟	戌 印官財	未 印官財	午 官印	亥
流月干	壬	癸	甲	乙	丙	丁	戊	己	庚	辛	壬
流月支	寅	卯	辰	巳	午	未	申	酉	戌	亥	子	卯
星運	臨官	臨官	衰	冠帶	沐浴	病
空亡	午未	子丑	寅卯	寅卯	寅卯	午未
納音	井泉水	石榴木	釵釧金	天河水	天河水	屋上土

【點擊大運和流年的干支可切換到上面】

大運 10	0-4 小運	5歲戊戌 1972	15歲戊申 1982	25歲丁未 1992	35歲丙午 2002	45歲乙巳 2012
		55歲甲辰 2022	65歲癸卯 2032	75歲壬寅 2042	85歲辛丑 2052	95歲庚子 2062

流年	2002	2003	2004	2005	2006	2007	2008	2009	2010	201
	壬午	癸未	甲申	乙酉	丙戌	丁亥	戊子	己丑	庚寅	辛卯

柯南學理探討

以上這兩條命是假專旺嗎？答案都不是。

作為名偵探偵探團的朋友，試推理出庚戌日在戊戌流年（2018年）會發生什麼事、庚申日的命主在（2007年）又會發生什麼事。如果你堅持以上兩命都是得令、得地、得勢的專旺，就試試照樣批算吧。

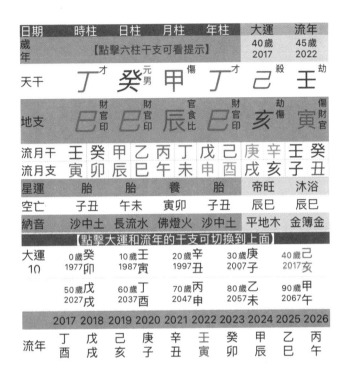

日期	時柱	日柱	月柱	年柱	大運 40歲 2017	流年 45歲 2022
歲年	【點擊六柱干支可看提示】					
天干	丁 才	癸 元男	甲 傷	丁 才	己 殺	壬 劫
地支	巳 財官印	巳 財官印	辰 官食比	巳 財官印	亥 劫傷	寅 傷財官
流月干	壬	癸	甲	乙	丙	丁	戊	己	庚	辛	壬	癸
流月支	寅	卯	辰	巳	午	未	申	酉	戌	亥	子	丑
星運	胎	胎	養	胎	帝旺	沐浴
空亡	子丑	午未	寅卯	子丑	辰巳	辰巳
納音	沙中土	長流水	佛燈火	沙中土	平地木	金簿金

【點擊大運和流年的干支可切換到上面】

大運 10	0歲 1977 癸卯	10歲 1987 壬寅	20歲 1997 辛丑	30歲 2007 庚子	40歲 2017 己亥
	50歲 2027 戊戌	60歲 2037 丁酉	70歲 2047 丙申	80歲 2057 乙未	90歲 2067 甲午

	2017	2018	2019	2020	2021	2022	2023	2024	2025	2026
流年	丁酉	戊戌	己亥	庚子	辛丑	壬寅	癸卯	甲辰	乙巳	丙午

癸水至弱達於天津，不愁火土之性，故此命是柯南批算過屬於假從財格。可惜從格忌印比或補根，是故由 0 歲至 49 歲都未曾真正行過大運。火土極旺的流年都只是做個判頭，有兩餐溫飽，住公屋已矣。此命於 2027 年開始戊戌大運，當中的火土流年必有一番光景。據《滴天髓》：「真從之家有幾人，假從亦可發其身。」由於此命屬假從財格，必然是女性貴人多助力的生意人命格。

（和八字班學生晚餐）

名偵探八字 之命理一得

日蝕與月蝕

學生嘉嘉：「聽電台先知，月蝕係凶象，唔好睇，但你無叫我地唔好睇！」

由於八字神算柯南收了一個十分頑皮的學生嘉嘉，她有如一般食傷生財破印的學生一樣，有什麼不明白或是過錯，首先埋怨老師，而不是自己尋找答案。甚至連自己看了月蝕後，諸事不順，都來埋怨老師。

這類學生在玄學界十分常見，其實學習起碼有 70% 是靠自己努力，所謂努力自有好成果。不溫習，不看書，又怎會考到好成績呢？

回歸正題，在星象上，日蝕和月蝕都被視為大凶象，不論是西洋占星或是七政四餘，都有提及日蝕和月蝕大事勿用。重點來了，到底日蝕和月蝕分別會影響什麼呢？

太陽＝皇帝、老闆、貴人、公司、父親、丈夫等等，所以日蝕就不利以上的人物。當然，如果日蝕發生在你的命宮，那麼日蝕那幾天最好就不要有「大搞作」了。

月亮＝皇后、母親、老婆、家庭、情緒、安全感。

月蝕自然最不利老婆和母親，所以女性親自去看月蝕如同「搵命博」，柯南真的不明白月蝕有什麼好看。

在這裡，柯南溫馨提示各位偵探團的朋友，在日蝕出生的人不利父親、丈夫，在月蝕出生的人則不利母親、老婆。當然，要有一定的七政結構配合。

這些就是所謂的八字盲點，有時候要配合星象參看，形成所謂的星平合參（七政＋八字）。

有空柯南再談談「鄭氏四十星案」吧！

名偵探八字 之命理一得

同一時辰，同一命運嗎？（一）

L 男士

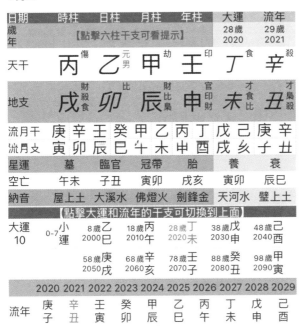

同一時辰，同一命運嗎？（第一集）

近日有不少八字學生問柯南，隨著地球人口不停增長，同一時辰出生的人起碼都接近 8000 人或更多，但明清時期留下的八字只有八個中文字，只要用簡單的邏輯思維想一想，便知道每個人的命運都不可能相同。

要從同一八字，區分出不同的命運和際遇，必定是由用神和格局入手。

首先要區分一下什麼是用神和格局，用神是命主一生的方向和命脈，而格局就是指一個人是什麼車款，是法拉利、波子、豐田，還是大發。

捉用神的方法大致上是以《造化元鑰評註》為基礎，即是十干定用法。而一般坊間師傅多半是身強身弱配合十神定用法，以至捉用神時往往無從入手，故此在斷出事情和類象時無法知道吉凶。

以此男命為例，三月乙木陽氣愈熾，先癸次丙，意味著干性喜用必須有癸水，次有丙火，格局才會大大提升。

此局乙木得丙火在時干高透，為「真神得用平生貴」。

用火，忌水更得甲木透出通關，「**父母或隆或興替，歲月所關果為細**」。

頭三柱亦為火運用神旺鄉，富貴非常，定是少年科甲無疑。

然而命主竟然一事無成，家住公屋，頭三柱窮困異常。現在竟是住劏房度日，難道命理無憑？

如果你剛才是這樣分析，證明都有一定的八字學理水平。

但一門學問必定要經得起理論的驗證、反思和改進，否則人類文明只會停滯不前。

柯南剛才的分析只是第一種捉用神的方法，接下來是第二種方法。

名偵探八字 之命理一得

第二種方法就是陰干透陽論，三月甲木木氣將竭，先取庚，次取壬。

故此造的性格十分像甲木用印的殺印相生，而不是第一種方法的乙木用丙火的傷官吐秀格。

由此可見，同一八字是存在不同的可能用神和格局，有些命造更可能存在三種用神或格局。

例如在此命造用丙火便是大格局，用壬水只是一般命。同一時辰，但存在不同的用神（在性格思想不同情況下）便會有截然不同的性格與命運了！

真相永遠
只有一個！

I 女士

日期 歲年	時柱	日柱	月柱	年柱	大運 18歲 2012	流年 19歲 2013
	【點擊六柱干支可看提示】					
天干	壬 官	丁 元女	戊 傷	甲 印	丙 劫	癸 殺
地支	寅 印劫傷	亥 官印	辰 傷比殺	戌 傷才比	寅 印劫傷	巳 劫傷財
流月干	甲 乙 丙 丁	戊 己 庚 辛	壬 癸	甲 乙		
流月支	寅 卯 辰 巳	午 未 申 酉	戌 亥	子 丑		
星運	死	胎	衰	養	死	帝旺
空亡	辰巳	午未	戌亥	申酉	戌亥	午未
納音	金箔金	屋上土	大林木	山頭火	爐中火	長流水

【點擊大運和流年的干支可切換到上面】

大運 10	0-7 小運	8歲 丁 2002 卯	18歲 丙 2012 寅	28歲 乙 2022 丑	38歲 甲 2032 子	48歲 癸 2042 亥
		58歲 壬 2052 戌	68歲 辛 2062 酉	78歲 庚 2072 申	88歲 己 2082 未	98歲 戊 2092 年

	2012	2013	2014	2015	2016	2017	2018	2019	2020	2021
流年	壬辰	癸巳	甲午	乙未	丙申	丁酉	戊戌	己亥	庚子	辛丑

承接上次柯南談及同一出生時辰，不同用神和命運引來了不少術數行家和偵探團的朋友熱烈讚好，因此再分享多一個命例，並就此分析一下。

《滴天髓》：「丁火柔中，內性昭融。抱乙而孝，合壬而忠。旺而不烈，衰而不窮。如有嫡母，可秋可冬。」此女命完全適用《滴天髓》中的「丁火如有甲木，四季皆可。」

「三月戊土司令，洩弱丁氣，先用甲木引丁制戊，次看庚金。」

大致意思是指丁火於辰月土旺洩氣，喜用甲木疏土扶日元，有甲木為真神得用，配合庚金和壬水更為美格。

若以坊間的身強身弱法，天干官印相生，加上時干官時透出明現有情，必定遲婚，更得傷官配印，必定貴人多助。

加上大運逆行，走水木之鄉，以八字神算訣云：「官印相生，功名顯赫。」、「官印兩旺，科甲文臣。」必定讀書好，家景亦佳，夫榮子貴。

如果你有剛才的算命思維，是十分正常的，因為古書留下來的方法，一般是批算中上等命格的官員。至於現代的變化較古時多。

此時必定會有學生問我，是否身旺所以用水？又或是寅亥合木，寅辰半木局，所以身極旺，假專旺？

然而真的如你所想，丁卯丙寅運，必屬佳運，而且出身中上家庭嗎？

事與願違，此女命出身家貧，父母早年只住木屋區，而出生後都只是搬到港島東區的公屋。加上家中重男輕女，完全不關心命主，甚至加以冷落，造成命主在現時教育普及化的社會亦只有中三學歷，一星期更有數晚流連 Disco 或酒吧不願回家，男女關係亦十分混亂（丁壬合為淫訛之合）。

分析到此，你能找出此命的用神和格局嗎？（用水、用木、用土？）

另外，你能推理出 2013 癸巳年時，命主發生何事嗎？

（歡迎 WhatsApp/Facebook 找柯南問答案！）

高級

名偵探
之
格局與批命

什麼是財滋弱殺格？

〈五言獨步〉：「有殺先論殺，無殺方論用。只要去殺星，不怕提綱重。」

在《滴天髓》當中提及的八大格局，其中一個便是財滋弱殺格。如果日元旺，而且柱中七殺不太弱又有財生殺，身強殺淺，即用神是七殺，這個情況下便是財滋弱殺格了。例如此女命：

殺	日	比	傷
丙	庚	庚	癸
戌	子	申	丑

庚金日元生於申月，理應需壬水透干淘洗。所謂得水而清也，然而丙火一透坐戌，尚有餘光。七殺和日元作比較之下，日元比七殺強，故此取丙火（七殺）為用神。然而此造完全沒有財星，財滋弱殺最重要的其中一點是有財星生殺（七殺制劫護財只是其中一點）。因為財星就是金錢和財產，沒有財星而等運補足很容易運過即止（根在苗先）。

什麼是食傷吐秀格？

坊間最常見的就是食傷生財，或是身強用食傷洩秀。但到底什麼是食神吐秀或是傷官吐秀格呢？

日	傷
庚	癸
戌	亥

食	日
壬	庚
	申

假設以上兩造，上面的用神是傷官，而下面的用神是食神，偵探團的你們知道兩者的分別在哪裡嗎？

答案：若用神是傷官，即是傷官吐秀格。此格的人普遍為人比較囂張傲慢（串），而且思想偏激，但每每對學問或世事會有創新的念頭或想法。至於用神是食神，就是食神吐秀格。此格大多為人謙和，而且愛高談闊論和飲食，處事亦比較大方得體，但在研究學問或學術方面，就不及傷官吐秀那麼有詩人般的創作力。所以大部分文人學士的命例都是傷官格或用神是傷官。

名偵探八字 之命理一得

因此大家要明白食神吐秀和傷官吐秀在本質上並不相同，不要每次都食多變傷，官多變殺，難道男人多了，會變做女人嗎？

有問必答之答客問一

客問：葉師傅，為什麼你的花名會叫柯南呢？

柯南：因為我以前有一件經常穿著的偵探外套和藍色西裝（用神是水和風水命卦 1），所以師傅便幫我起了個花名，叫我做柯南。

客問：為什麼八字捉用神這麼困難？

柯南：因為掌握捉用神需要反覆練習，並不是一朝一夕的事，亦沒有速成之法。

客問：捉用神難，批算流年喜忌更難……

柯南：因為捉用神方面，坊間常見「喜金水」、「喜木火」，要知道用金就是用金，用水就是用水，不能「大包圍」。

客問：如何知道自己是否適合學習風水命理？

柯南：其實風水命理和其他學術一樣，都是需要時間和心機慢慢學習，並非三個月或一日能速成。而學風水命理的首要條件就是八字中有「傷官星」。

客問：八字和風水的學習難處在哪裡？

柯南：學習八字的難處在於捉用神和定格局，需結合原局、人運、流年，然後抽絲剝繭，一層一層地解剖命盤。

名偵探八字 之命理一得

現今的陽宅風水有多個派別，而巒頭、理氣、擇日，這三方面都必須學懂，以及跟到「好師傅」，否則被「老點」，連最基本取坐向和簡單擺設都弄錯。

客問：坊間有很多「星平合參」，葉師傅你會用「星平合參」嗎？

柯南：現今坊間的師傅大部分是用「紫微斗數」和「八字合參」，但師承一脈八字神算則是使用「七政四餘」和「八字合參」，詳情可參考《果老星宗》內的「鄭氏四十星案」。

客問：有些學生會批評師傅「老點」和有問不答，葉師傅有什麼看法呢？

柯南：這個是行業的普遍現象，在這個傳統的行業，經常會出現師傅「老點」學生或問得深入一點就「遊花園」，可說是司空見慣。

客問：葉師傅有什麼八字書籍可以推薦呢？

柯南：本人推薦徐樂吾和袁樹珊系列的八字書，尤以《造化元鑰評註》和《子平粹言》最為精彩。

客問：現今常見有大批人以玄學行騙，葉師傅又有沒有什麼看法？

柯南：每一個行業都有騙子，雖不學無術但行騙手法厲害，所以學習術數有一個好處，就是可以提防騙子。

客問：當一個玄學家容易嗎？

柯南：在現今社會，網路世界的資訊發達，對玄學家的要求愈來愈高了。因此本人精益求精，希望將西方系統化的教學融入術數教學當中。

客問：看古人的命例究竟有沒有用？

柯南：當然有用，名人命造可以按其事實反推，情況有如不確定坐向時，用雙星斷事反證一樣，需知道批算經驗的累積在於反覆求證。在遇到「樽頸位」時，若有名師指點三兩下，更會更上一層樓。

客問：怎樣去分辨命格的格局真假或高低呢？

柯南：一分功夫，一分熟練；十分功夫，十分熟練。學者應先從干性所需和用神入手，例如庚金日元在酉月用什麼是真神呢？而壬水日元寅月用什麼是真神呢？如果用假又怎樣？庚金用丙火好還是用壬水好呢？

當經驗累積多了，便會發現即使用神是假，但其實命格都不是差，可能都是有車有樓，有一份收入不錯的工作。

客問：背誦古書的口訣有用嗎？

柯南：背誦口訣即「拋書包」，是有一定用途，但切記不是
死記硬背。例如：「天戰猶自可，地戰急如火。」
坊間有各種解讀天干生剋和地支沖刑的解法，但師傅
教導此句是用來「睇生死」，要知道古詩字字珠璣，
知道怎樣運用古詩才是最重要的。

古書多半是「玻璃溝鑽石」，掘礦時要知道哪一句古
詩有用，哪一句是「放流料」老點。

客問：有些同學在學命理時，發現自己爛命一條，會否接受
不了呢？

柯南：　近來研究子平者甚多，但余有一言奉勸，
生死貧賤，必須付之達觀，心胸不甚開展
者，以不研究為是。如略通粗淺皮毛，依
然莫明其妙，研究較深，而觀自己命造，
毫無希望，不急死，亦必成為神經病者，
八字班舊生，前車可鑒也。

柯南命稿

 （真人真事，如有類同，實屬巧合。）

名偵探八字 之命理一得

甲木二則

印	日	印	殺
癸	甲	癸	庚
酉	辰	未	午

八字神算推理：猶憶從前未解命理，請術者推算。以殺印相生功名顯赫，或以甲日癸酉時燈花佛劍格，謬以為大成功之兆。又或以財多身弱富屋貧人，或財黨殺旺攻身非貧即夭，屬壽夭之造。余以其所言未能滿意，發奮學命，始知江湖術士之言，皆不靈驗。

甲木為陽木，所謂「五陽皆以陽制陽，獨有庚金不尋常。」甲木必須有祿刃，方能勝任庚金之威武。鄙人自造如無庚金透出天干和癸水作調候，必愚賤下賤，非現在之素質與地位，可見干性喜用和調候之重要性。

甲木日元於四季月，在現代最重要是地支有祿／刃幫扶，才能任財官。但觀柯南自造，四柱缺祿刃而生於夏天，別無選擇之下，情取癸水化殺、生印、制傷、調候為用神。

「木奔南而軟怯，金見水而流通。」

在此情況下，即扶抑、格局、調候三者的用神為一體。癸水一傷，此局便兵敗如山倒。

癸水之源自地支之辰中墓庫，即在日支之中。日柱、時柱掌管人生的 30 歲或中晚年時間，故配合大運，中年走水木之鄉，可謂原局四柱走勢配合大運的走勢。

「用神為論命之樞機，一生之方向。」

由於用神是正印，故此本人愛學習，師緣和母緣甚佳。加上時柱喜用得力，故此受學生的愛戴和幫助。（癸水同時亦為甲木日元之桃花，故此有利於面對群眾的工作。）

但是用印必然忌財星，故柯南買六合彩及獎券最多只是中數十元小獎，不會發橫財。

財星是妻子錢財及田產，是故本人完全沒有參與任何投機賭博之活動，因自知沒有發橫財之命。然而不會發財不一定是壞命，可以培養個人的學問和品德，「填實」印星。

至於未來妻兒六親方面，本人自知未來必然被妻所累，但奈何時柱官印透是用神，子女學生緣份甚佳，命中應有一女一子。

論命時，要先拆原局的優劣，再論大運之榮枯，而不是一起手就插入大運流年論命。

在大運方面，甲申和乙酉運是完全不同。透甲木時有甲木疏土，申中的壬水補足調候，故此運時家境甚佳，生活富足。

名偵探八字 之命理一得

一交乙酉運於 14 歲時喪父，因乙庚化金，殺旺攻身，而且水源不足之故。回憶小時候請術者批算，以為兩個大運一樣，實屬危言聳聽。「**氣氣切窮其理，物物至極轉關。**」由此可知甲／乙和申／酉，兩者大不同。甲木能疏土，而乙木是陽刃出鞘合化殺星，定主凶災。

一交丁亥運，成甲庚丁美格，故感恩此運得際遇和師傅（印星）貴人提攜。用神最宜健旺，亥水屬甲木之偏印，長生和暗祿。但此運乙巳年和丙午年不利或有凶災，戊申年或己酉年應為結婚之象。

戊子運首年庚戌反吟日柱，應為得子女之兆。至於己丑運土旺合日元，為多病之運。庚寅辛卯運，屬祿刃之運，美運也。現今人類比較長壽，壽元應至癸巳運，火土流年而終。（用神水絕於巳）

何知其人壽，性定元氣厚。

大運：

80	70	60	50	40	30	20	10	0
壬	辛	庚	己	戊	丁	丙	乙	甲
辰	卯	寅	丑	子	亥	戌	酉	申

日期	時柱	日柱	月柱	年柱	大運	流年
歲 年	【點擊六柱干支可看提示】				23歲 2015	27歲 2019
天干	辛 官	甲 元女	壬 梟	壬 梟	己 財	己 財
地支	未 財傷劫	子 印	子 印	申 殺梟才	酉 官	亥 梟比
流月干	丙	丁	戊	己	庚	辛	壬	癸	甲	乙	丙	丁
流月支	寅	卯	辰	巳	午	未	申	酉	戌	亥	子	丑
星運	墓	沐浴	沐浴	絕	胎	長生
空亡	戌亥	戌亥	寅卯	戌亥	寅卯	辰巳
納音	路旁土	海中金	桑柘木	劍鋒金	大驛土	平地木

【點擊大運和流年的干支可切換到上面】

大運 10	0-2 小運	3歲辛亥 1995	13歲庚戌 2005	23歲己酉 2015	33歲戊申 2025	43歲丁未 2035
		53歲丙午 2045	63歲乙巳 2055	73歲甲辰 2065	83歲癸卯 2075	93歲壬寅 2085

流年	2015	2016	2017	2018	2019	2020	2021	2022	2023	2024
	乙未	丙申	丁酉	戊戌	己亥	庚子	辛丑	壬寅	癸卯	甲辰

十干性情：喜庚丁

用神：辛／申

格局：財滋弱殺格

八字神算 柯南推理：

甲木日元生於子月，「冬天水木泛，名利總虛浮。」此言冬天的甲木必須丙火照暖及寅木吸水扶助日元。但此造金寒水冷，只有時支一點，未土作調候，屬濁氣偏枯之象。

此造勉強取金為用神，即屬假的財滋弱殺。一來庚金不透而且日元無比劫之助，未土中的一點丁火亦被子水所剋死，此為子未相害之用法之一。簡單來說，即是既無錢，又官殺一混，往往都是心紅「我要上市」、「我要發達」的心態。

而且偏枯的命格往往是思想行為出現問題，故此此女不務正業，每天只幻想一夜之間發達。在庚戌運，用神明透（甲庚丁）之時，就輟學做「嘲模」。（月令子水為甲木之桃花）

由甲午年至戊戌年（2014-2018）正值用神得力之鄉，故此幾乎收入頗豐，但亦令其「我要上市」的心態不斷膨脹。

於 2019 年己亥（水旺）花費畢生積蓄與友人合資開酒吧，正好遇上社會運動。及後，2020 年 Covid-19 大型肆虐，令其所有投資化為烏有，血本無歸。現時繼續屈居劏房生活，以及被包養。

此命年月干及首運皆為忌神，出生貧窮之餘，父母亦離異。辛亥運水蕩木漂，故此和母親經常流離失所，住劏房度日。可見偏枯的命格確實是調候（火）為急，沒有調候便是劣命。柯南在此考考偵探團的你們：

柯南學理探討

1 此命在 2019 年除了輸錢還發生什麼事？

2 此命最好的大運是哪一個運呢？

3 能看出此命母親的性格嗎？

FILE.003
Ce小姐之命

日期歲年	時柱	日柱	月柱	年柱	大運 25歲 2020	流年 27歲 2022
	【點擊六柱干支可看提示】					
天干	戊 財	乙 元女	壬 印	乙 比	乙 比	壬 印
地支	寅 劫傷財	酉 殺	午 食才	亥 印劫	酉 殺	寅 劫傷財
流月干	壬	癸	甲	乙	丙	丁	戊	己	庚	辛	壬	癸
流月支	寅	卯	辰	巳	午	未	申	酉	戌	亥	子	丑
星運	帝旺	絕	長生	死	絕	帝旺
空亡	申酉	午未	申酉	申酉	午未	辰巳
納音	城頭土	井泉水	楊柳木	山頭火	井泉水	金簿金

【點擊大運和流年的干支可切換到上面】

大運 10	0-4 小運	5歲癸未 2000	15歲甲申 2010	25歲乙酉 2020	35歲丙戌 2030	45歲丁亥 2040
		55歲戊子 2050	65歲己丑 2060	75歲庚寅 2070	85歲辛卯 2080	95歲壬辰 2090

流年	2020	2021	2022	2023	2024	2025	2026	2027	2028	2029
	庚子	辛丑	壬寅	癸卯	甲辰	乙巳	丙午	丁未	戊申	己酉

十干性情：喜癸

用神：壬（？）／酉（？）

格局：食神配印格／財滋弱殺格

名偵探八字 之命理一得

八字神算 柯南推理：

乙木日元生於午月，「乙木疊逢離位，名為氣散之文。」意即木火傷官於午月氣洩而弱，急須調候（水）制食傷及潤木。

此女命，以俗論之，必然是身強用食傷，或是日元強而用殺之財滋弱殺。

可惜事實是，此命用月干的壬水為用，換言之即是木火傷官配印格。

由於木火傷官官要旺，即是夏天木日元調候旺便是有福氣之命，乙木日元有些情況就算只是有金無水「官要旺」，命格一樣不錯，有水自然是吉上加吉。

因此，此港女出生中產家庭，生活無憂。但由於月令食傷旺，自然較情緒化，經常暴跳如雷，並覺得自己身世十分可憐（因為用神是印星，為人比較天真多幻想）。

據柯南在課堂所教，大部分港女的命格都是頭三柱行運，故甲申和乙酉運都是順風順水，過一個正常的港女生活，即拍拖、讀書等等。

柯南學理探討

柯南在此又考考偵探團的你們：

1 此命在 2010 年時發生什麼事呢？

2 日後婚姻美滿嗎？

3 甲申運和乙酉運的差別在哪裡？

4 丙戌運又如何呢？

日期	時柱	日柱	月柱	年柱	大運	流年
歲年	【點擊六柱干支可看提示】				53歲 2017	58歲 2022
天干	己 才	乙 元男	乙 比	癸 梟	己 才	壬 印
地支	卯 比	丑 才 梟殺	丑 才 梟殺	卯 比	未 才 食 比	寅 劫 傷 財
流月干	壬 癸	甲 乙	丙 丁	戊 己	庚 辛	壬 癸
流月支	寅 卯	辰 巳	午 未	申 酉	戌 亥	子 丑
星運	臨官	衰	衰	臨官	養	帝旺
空亡	申酉	戌亥	戌亥	辰巳	子丑	辰巳
納音	城頭土	海中金	海中金	金簿金	天上火	金簿金

【點擊大運和流年的干支可切換到上面】

大運 10	0-2 小運	3歲 甲 1967 子	13歲 癸 1977 亥	23歲 壬 1987 戌	33歲 辛 1997 酉	43歲 庚 2007 申
		53歲 己 2017 未	63歲 戊 2027 午	73歲 丁 2037 巳	83歲 丙 2047 辰	93歲 乙 2057 卯

	2017	2018	2019	2020	2021	2022	2023	2024	2025	2026
流年	丁 酉	戊 戌	己 亥	庚 子	辛 丑	壬 寅	癸 卯	甲 辰	乙 巳	丙 午

十干性情：喜丙

用神：財多身弱用比劫？

格局：無格局

名偵探八字 之命理一得

八字神算 柯南推理：

乙木日元於冬天，最重要就是丙火或寅木，倘若兩者皆缺，命格已屬下命。占士是柯南的八字班舊生，他表示自己多年來一事無成，而且更住劏房度日。縱使他已學習風水命理多年，仍然對自己的八字一頭霧水。

按坊間的身強身弱論，此命可能是身財兩挺，又或是財氣通門戶的富命，為什麼會住劏房打工度日呢？

《造化元鑰評註》：「十二月凍木枯枝，見丙火照暖，則有回春之意，除丙火外，別無用神可取，與十一月同。」

柯南評注

丑月乃霜雪之期，沒有丙火調候，如同無用神之命，即不存在用神，亦即是有調候的情況下才有格局用神。辛酉庚申運如有木火流年便會大上大落，此命亦容易被兄弟同輩所累。乙巳年開始可以走二十多年好運，應該會排到公屋安享晚年，柯南在此恭喜他！

FILE.005
Ts小姐之命

日期	時柱	日柱	月柱	年柱	大運	流年
歲年	【點擊六柱干支可看提示】				31歲 2020	33歲 2022
天干	甲 梟	丙 元女	庚 才	己 傷	甲 梟	壬 殺
地支	午 劫傷	寅 梟比食	午 劫傷	巳 比食才	戌 食財劫	寅 梟比食

流月干	壬	癸	甲	乙	丙	丁	戊	己	庚	辛	壬	癸
流月支	寅	卯	辰	巳	午	未	申	酉	戌	亥	子	丑

星運	帝旺	長生	帝旺	臨官	墓	長生
空亡	辰巳	戌亥	戌亥	戌亥	申酉	辰巳
納音	砂石金	爐中火	路旁土	大林木	山頭火	金簿金

【點擊大運和流年的干支可切換到上面】

大運 10	0-0 小運	1歲辛 1990未	11歲壬 2000申	21歲癸 2010酉	31歲甲 2020戌	41歲乙 2030亥
		51歲丙 2040子	61歲丁 2050丑	71歲戊 2060寅	81歲己 2070卯	91歲庚 2080辰

流年	2020	2021	2022	2023	2024	2025	2026	2027	2028	2029
	庚 子	辛 丑	壬 寅	癸 卯	甲 辰	乙 巳	丙 午	丁 未	戊 申	己 酉

十干性情：喜庚壬

用神：庚

格局：食傷生財格？

八字神算 柯南推理：

丙火日元生於夏天，必須見庚壬，方為上格。所以火長夏日金疊疊，火日元夏天需要金旺才會是發達之命格。

此女命月柱陽刃當令，形成群比爭財之象，加上「虎馬犬鄉，甲來成滅」可謂原局火旺金熔之象。此時庚金必然受傷，破格已成。

但此女自 1 歲開始便運走金水之鄉，辛未壬申癸酉可謂行足 30 年喜用神之運，故此生於小康之家，亦於癸酉大運結婚生兒育女。

然而甲戌大運屬於「虎馬犬鄉，甲來成滅」之大運，此運夫緣及健康不佳，以多忍讓為妙。

柯南學理探討

柯南在此又考考偵探團的你們：

1. 此命在 2013 年時發生什麼事呢？

2. 乙亥運和丙子運如何呢？

真相永遠
只有一個！

日期 歲年	時柱	日柱	月柱	年柱	小運	流年
					3歲 2022	3歲 2022
	【點擊六柱干支可看提示】					
天干	乙 印	丙 元男	丁 劫	己 傷	辛 財	壬 殺
地支	未 傷劫印	辰 食印官	卯 印	亥 殺梟	卯 印	寅 梟比食
流月干	壬	癸	甲	乙	丙	丁	戊	己	庚	辛	壬	癸
流月支	寅	卯	辰	巳	午	未	申	酉	戌	亥	子	丑
星運	衰	冠帶	沐浴	絕	沐浴	長生
空亡	辰巳	子丑	戌亥	辰巳	午未	辰巳
納音	砂石金	沙中土	爐中火	平地木	松柏木	金簿金
【點擊大運和流年的干支可切換到上面】						

大運 10	0-3 小運	4歲 丙 2023 寅	14歲 乙 2033 丑	24歲 甲 2043 子	34歲 癸 2053 亥	44歲 壬 2063 戌
		54歲 辛 2073 酉	64歲 庚 2083 申	74歲 己 2093 未	84歲 戊 2103 午	94歲 丁 2113 巳

	2019	2020	2021	2022
流年	己 亥	庚 子	辛 丑	壬 寅

十干性情：喜壬甲

用神：亥

格局：財滋弱殺

丙火日元生於春天，二月陽壯木渴，專用壬水。壬水不透而全局一片木局，故以亥水為用神，格成財滋弱殺。

小兒之命尤如培養花草樹木的種植之道，即要選擇合適的人生方向。此命甲子運屬人生之高峰，到時候必然有一番光景，屬於生意人的命格。

柯南學理探討

柯南在此又考考偵探團的你們：

1. 此命的甲子運和癸亥運有什麼分別呢？

2. 丙火天干壬水和地支的亥水分別在哪？

真相永遠
只有一個！

丁火二則

日期 歲 年	時柱	日柱	月柱	年柱	大運 24歲 2016	流年 30歲 2022
	【點擊六柱干支可看提示】					
天干	丁 比	丁 元男	辛 才	壬 官	甲 印	壬 官
地支	未 食比梟	未 食比梟	亥 官印	申 財官傷	寅 印劫傷	寅 印劫傷
流月干	壬	癸	甲 乙	丙 丁	戊 己	庚 辛	壬 癸
流月支	寅	卯	辰 巳	午 未	申 酉	戌 亥	子 丑
星運	冠帶	冠帶	胎	沐浴	死	死
空亡	寅卯	寅卯	寅卯	戌亥	子丑	辰巳
納音	天河水	天河水	釵釧金	劍鋒金	大溪水	金簿金

【點擊大運和流年的干支可切換到上面】

大運 10	0-3 小運	4歲 壬 1996 子	14歲 癸 2006 丑	24歲 甲 2016 寅	34歲 乙 2026 卯	44歲 丙 2036 辰
		54歲 丁 2046 巳	64歲 戊 2056 午	74歲 己 2066 未	84歲 庚 2076 申	94歲 辛 2086 酉

	2016	2017	2018	2019	2020	2021	2022	2023	2024	2025
流年	丙申	丁酉	戊戌	己亥	庚子	辛丑	壬寅	癸卯	甲辰	乙巳

十干性情：喜甲

用神：亥中甲木

格局：官印相生格

八字神算 柯南推理：

丁火日元生於冬天，「丁火微寒，專用甲庚。」所謂如有嫡母（甲），可秋可冬，無甲引丁難云木火通明之象。

此造全賴亥宮一點甲木，惜濕木無焰。一局清枯也苦人，多成多敗度晨昏。

甲寅運可謂「一清到底有精神」，故此運的命主於大公司工作，而且晉升機會甚佳。

柯南學理探討

柯南在此又考考偵探團的你們：

1. 此命月干透偏財，姻緣運如何呢？

2. 甲寅運和乙卯運分別在哪裡呢？

3. 此命 2020 至 2022 年時發生什麼事呢？

真相永遠
只有一個！

日期	時柱	日柱	月柱	年柱	大運	流年
歲年	\[點擊六柱干支可看提示\]				34歲 2020	36歲 2022
天干	丁 比	丁 元女	丁 比	丙 劫	癸 殺	壬 官
地支	未 食比梟	卯 梟比梟	酉 才	寅 印劫傷	巳 劫傷財	寅 印劫傷
流月干	壬	癸 甲	乙 丙	丁 戊	己 庚	辛 壬 癸
流月支	寅	卯 辰	巳 午	未 申	酉 戌	亥 子 丑
星運	冠帶	病	長生	死	帝旺	死
空亡	寅卯	戌亥	辰巳	戌亥	午未	辰巳
納音	天河水	爐中火	山下火	爐中火	長流水	金簿金

【點擊大運和流年的干支可切換到上面】

大運 10	0-3 小運	4歲 1990 丙申	14歲 2000 乙未	24歲 2010 甲午	34歲 2020 癸巳	44歲 2030 壬辰
		54歲 2040 辛卯	64歲 2050 庚寅	74歲 2060 己丑	84歲 2070 戊子	94歲 2080 丁亥

	2020	2021	2022	2023	2024	2025	2026	2027	2028	2029
流年	庚子	辛丑	壬寅	癸卯	甲辰	乙巳	丙午	丁未	戊申	己酉

十干性情：喜庚甲

用神：酉

格局：偏財格

命宮：辛丑

名偵探八字 之命理一得

八字神算 柯南推理：

丁火日元生於酉月，專用甲木，「金雖乘旺司權，無傷丁之理，仍取庚金劈甲引丁火。」即是庚甲丁是本月最高格局。

然而此女命（下稱寡宿星）天干三丁一丙，地支寅卯會局，可見木火之勢強矣。故此取月令偏財星為用神，為月令偏財格，用神是財星即是忌比劫分財。寅卯夾沖酉金，偏財星連根拔起，破格已成。由於偏財星為父親，寡宿星的父親便離她們而去。正印為母偏印為庶母，故此她不但有兩個媽媽，更有兩位同父異母的哥哥（比劫）。

寡宿星的脾氣極大（缺水），加上犯了女命姻緣的大忌，便是寡宿星（寅卯辰年寡宿在丑）加臨命宮（辛丑），婚嫁無期，可謂孤貧之命矣。

FILE.009
肥 mus 之命

日期 歲 年	時柱	日柱	月柱	年柱	大運 56歲 2019	流年 59歲 2022
		【點擊六柱干支可看提示】				
天干	癸 財	戊 元女	癸 財	癸 財	己 劫	壬 才
地支	亥 才殺	辰 比官財	亥 才殺	卯 官	巳 梟比食	寅 殺梟比
流月干	壬	癸	甲	乙	丙	丁	戊	己	庚	辛	壬	癸
流月支	寅	卯	辰	巳	午	未	申	酉	戌	亥	子	丑
星運		絕		冠帶		絕		沐浴		臨官		長生
空亡		子丑		戌亥		子丑		辰巳		戌亥		辰巳
納音		大海水		大林木		大海水		金薄金		大林木		金薄金

【點擊大運和流年的干支可切換到上面】

大運 10	0-5 小運	6歲甲 1969子	16歲乙 1979丑	26歲丙 1989寅	36歲丁 1999卯	46歲戊 2009辰
		56歲己 2019巳	66歲庚 2029午	76歲辛 2039未	86歲壬 2049申	96歲癸 2059酉

	2019	2020	2021	2022	2023	2024	2025	2026	2027	2028
流年	己亥	庚子	辛丑	壬寅	癸卯	甲辰	乙巳	丙午	丁未	戊申

十干性情：喜丙

用神：辰

格局：財多身弱用比劫（無格局）

名偵探八字 之命理一得

戊土日元生於亥月，必須丙甲照暖，大山之土才有生機。然而肥 mus 之命，原局完全沒有火或燥土（注意是一點火餘氣都沒有）。戊土的一點根源來自辰中的戊土，故此是財多身弱用比劫（辰），即沒有格局。

偵探團的你們可以回去參看財多身弱的章節，柯南曾經註解過肥 mus 之命。

肥 mus 一生平平無奇，由丙寅運結婚生女後，就一直過著職業師奶上班下班的生活（因為無格局）。

柯南學理探討

柯南在此又考考偵探團的你們：

1. 此命的子女運和晚運如何呢？

2. 己巳運和庚午運分別在哪裡呢？

3. 此命 2019 至 2020 年期間發生什麼事呢？

Oel 先生之命

日期 歲年	時柱	日柱	月柱	年柱	大運 46歲 2019	流年 49歲 2022
	【點擊六柱干支可看提示】					
天干	庚 ^食	戊 ^{元男}	乙 ^官	癸 ^財	庚 ^食	壬 ^才
地支	申 ^{食才比}	午 ^{印劫}	卯 ^官	丑 ^{劫財傷}	戌 ^{比傷印}	寅 ^{殺梟比}
流月干	壬	甲	丙	戊	庚	壬
流月支	寅	辰	午	申	戌	子
	癸卯	乙巳	丁未	己酉	辛亥	癸丑
星運	病	帝旺	沐浴	養	墓	長生
空亡	子丑	子丑	子丑	寅卯	寅卯	辰巳
納音	石榴木	天上火	大溪水	桑柘木	釵釧金	金簿金

【點擊大運和流年的干支可切換到上面】

大運 10	0-5 小運	6歲 1979 甲寅	16歲 1989 癸丑	26歲 1999 壬子	36歲 2009 辛亥	46歲 2019 庚戌
		56歲 2029 己酉	66歲 2039 戊申	76歲 2049 丁未	86歲 2059 丙午	96歲 2069 乙巳

	2019	2020	2021	2022	2023	2024	2025	2026	2027	2028
流年	己亥	庚子	辛丑	壬寅	癸卯	甲辰	乙巳	丙午	丁未	戊申

十干性情：喜丙甲

用神：午

格局：官印相生

名偵探八字 之命理一得

八字神算 柯南推理：

戊土卯月宜先丙後甲，無丙難除寒氣。此處樂吾先賢於《造化元鑰》明確指出戊土正二月取用神之方法。寅卯月屬木的臨官帝旺之地，故用神以丙火為首要，殺印相生是最大格局。

柯南「拋咗咁多書包」，只是想說明 Oel 之命正好缺了甲丙，而日元情向癸水。日元情向忌神，為無情。

Oel 之命用午火，格局為官印相生，功名顯赫，故大利於政府職場發展，2022-2026 年更會是人生事業的高峰。但轉好之前必然會「黑仔」一兩年，即是捱過了 2020-2021 的下屬作反連累期就功名有望了。

真相永遠
只有一個！

己土二則

FILE.011
千字文世界英雄之命

日期	時柱	日柱	月柱	年柱	大運	流年
歲年		【點擊六柱干支可看提示】			50歲 1999	54歲 2003
天干	乙 殺	己 元男	壬 財	己 比	丁 梟	癸 才
地支	亥 財官	亥 財官	申 傷財劫	丑 比才食	卯 殺	未 比梟殺
流月干	甲	乙	丙	丁	戊	己	庚	辛	壬	癸	甲	乙
流月支	寅	卯	辰	巳	午	未	申	酉	戌	亥	子	丑
星運	胎	胎	沐浴	墓		病	冠帶
空亡	申酉	辰巳	戌亥	午未		戌亥	申酉
納音	山頭火	平地木	劍鋒金	霹靂火		爐中火	楊柳木

【點擊大運和流年的干支可切換到上面】

大運 10	0-9 小運	10歲 辛未 1959	20歲 庚午 1969	30歲 己巳 1979	40歲 戊辰 1989	50歲 丁卯 1999
		60歲 丙寅 2009	70歲 乙丑 2019	80歲 甲子 2029	90歲 癸亥 2039	100歲 壬戌 2049

流年	1999	2000	2001	2002	2003	2004	2005	2006	2007	2008
	己卯	庚辰	辛巳	壬午	癸未	甲申	乙酉	丙戌	丁亥	戊子

十干性情：喜丙

用神：己

格局：財多身弱用比劫（無格局）

名偵探八字 之命理一得

八字神算 柯南推理：

三秋己土，內實外虛，寒氣漸升，須丙火暖之，癸水潤之。因癸能洩金，丙能制金，補土精神。但千字文之命全局缺火調候，寒土無焰，一片偏枯之象。原局無格局，只屬下等命格，按一般財多身弱用比劫批算就可以。

千字文幼時家貧，於 1965 年 16 歲時已輟學（原局無印星，缺書緣），於是到冷氣舖跟師傅學師，做電器學徒，從此開始了「電器佬」生涯。於庚午運戊午年（1978 年）火（用神）最旺的年份創業，在深水埗開設了第一間電器舖。當時正值電器業的黃金時代，每年收入頗豐，很快於己巳運的辛酉年食傷會局主投資買樓。在行運一條龍（20 年火運）之情況下，於 1983 年生下長子 J，並於 1989 年剛交入戊辰運（藥神）己巳年開設第二間電器舖。

1998 年戊寅年反吟月柱是轉捩點，公司開始每年蝕錢，而且出現了現金週轉不靈的問題。加上做生意經常會有貸款和按揭之事，財政上出現了重大危機。通常在一個人轉入衰運之時，總會被人「補一腳伸落海」。此時千字文獨力供養湊大的弟弟，蠱仔廣雄（月柱兄弟宮為忌神）竟然「穿櫃桶底」，把公司買貨和週轉的資金都偷偷地轉走或是「食夾棍」換為電器。

最後以卡數疊卡數的方式去填補租金和貨物，使滾雪球效應到了一個無可挽救的地步。2003 年（亥卯未）木局，財黨殺旺攻身的情況下，最後執達吏上門封舖，期間發現蠱仔廣雄偷走了一大筆資金和貨物。

千字文逼不得已之下賣樓還街數及申請破產，還因此得了精神病，抱恨終身。

此處引用千字文的幾句說話提醒各位：

1. 嬰啼落地命中註，誰可運轉改乾坤。

2. 心如刀刺難復康，禍劫不能擋。

3. 做人必須有始有終，欠缺運氣「發唔到達」是另外一回事。

（千字文之花名源於每晚凌晨 3-4 時他會打幾千字破產潮文，發給所有親朋好友。）

名偵探八字 之命理一得

我現時都向現實低頭認命啦！誰料到對自己最大殺傷力那個人？竟然是有血緣關係之嫡親
19:10

今天黎明的時候滂沱大雨，條去水大渠又阻塞咗，幾乎水浸入屋，搞到我幾驚心動魄，狼狽不堪，真正係居住得冇日安寧
23:38

今天

蘋果日報如果真係不幸執笠，將會大約有 800 人，加入香港失業大軍
00:00

時移勢逆 | 運轉乾坤
08:53

訊息已刪除
12:40

嬰啼落地命中註，誰可運轉改乾坤？
12:45

UA 先生之命

日期	時柱	日柱	月柱	年柱	大運 47歲 2009	流年 53歲 2015
歲年	【點擊六柱干支可看提示】					
天干	甲 官	己 元男	壬 財	壬 財	丁 梟	乙 殺
地支	戌 劫食梟	丑 比印食	子 才	寅 官印劫	巳 印劫傷	未 比梟殺
流月干	戊 己	庚 辛	壬 癸	甲 乙	丙 丁	戊 己
流月支	寅 卯	辰 巳	午 未	申 酉	戌 亥	子 丑
星運	養	墓	絕	死	帝旺	冠帶
空亡	申酉	午未	寅卯	辰巳	子丑	辰巳
納音	山頭火	霹靂火	桑柘木	金簿金	沙中土	砂石金

【點擊大運和流年的干支可切換到上面】

大運 10	小運 0-6	7歲 癸丑 1969	17歲 甲寅 1979	27歲 乙卯 1989	37歲 丙辰 1999	47歲 丁巳 2009
		57歲 戊午 2019	67歲 己未 2029	77歲 庚申 2039	87歲 辛酉 2049	97歲 壬戌 2059

流年	2009	2010	2011	2012	2013	2014	2015	2016	2017	2018
	己丑	庚寅	辛卯	壬辰	癸巳	甲午	乙未	丙申	丁酉	戊戌

十干性情：喜丙

用神：甲

格局：財官格

名偵探八字 之命理一得

八字神算 柯南推理：

三冬己土，濕泥寒凍，非丙暖不生，取丙為尊，甲木參用。冰天雪地，如缺丙火為生機盡滅，即調候為急之意。

UA 先生全賴寅中丙火調候有功，書云：「提綱不與真神照，暗處尋真也有真。」基於干性喜用，故取甲木官星為用神，財官格成。

應該如何分析財官格的命造呢？我們除了要看看官星是否明現有情，還需要看財星的旺弱，因為財官格只要財源被劫，便會是破產或是周身債務之命了。

此命很早便創業，於甲寅和乙卯運經營紡織貿易行業而大發其財。後來丙辰運縮小規模，只接一些舊時大客的生意，輕鬆過活（印旺的運易懶惰）。但 2015 年發生了一件大事，嚴重影響他和家人，推理出答案的偵探們可以找柯南問謎底！

FILE.013
IAW 女士之命

日期	時柱	日柱	月柱	年柱	大運	流年
歲 年		【點擊六柱干支可看提示】			19歲 2021	20歲 2022
天干	庚 ^比	庚 ^{元女}	乙 ^財	壬 ^食	癸 ^傷	壬 ^食
地支	辰 ^{梟財傷}	子 ^傷	巳 ^{殺梟比}	午 ^{官印}	卯 ^財	寅 ^{才殺梟}
流月干	壬 癸 甲 乙 丙 丁 戊 己				庚 辛	壬 癸
流月支	寅 卯 辰 巳 午 未 申 酉				戌 亥	子 丑
星運	養	死	長生	沐浴	胎	絕
空亡	申酉	辰巳	寅卯	申酉	辰巳	辰巳
納音	白臘金	璧上土	佛燈火	楊柳木	金簿金	金簿金

【點擊大運和流年的干支可切換到上面】

大運 10	0-8 小運	9歲 2011 甲辰	19歲 2021 癸卯	29歲 2031 壬寅	39歲 2041 辛丑	49歲 2051 庚子
		59歲 2061 己亥	69歲 2071 戊戌	79歲 2081 丁酉	89歲 2091 丙申	99歲 2101 乙未

	2021	2022	2023	2024	2025	2026	2027	2028	2029	2030
流年	辛丑	壬寅	癸卯	甲辰	乙巳	丙午	丁未	戊申	己酉	庚戌

十干性情：喜丁甲

格局用神：庚？

調候用神：水

格局：無

名偵探八字之命理一得

八字神算 柯南推理：

四月庚金展生在巳，書曰群金生夏，妙用玄武，宜先用壬水方得調候中和。但此造地支在缺祿刃扶助之下（金日元不喜土生），原局可謂無格局用神之命，按一般批算之法，唯取庚金比劫扶助，調候用神則是壬水。

IAW 女士出世不久便父母離異，兩母女靠綜援度日。後來父母復合，但弟弟出世後父親又再一走了之，真像電視劇的劇情一樣。母親因生活拮据而兼職洗頭和剪髮，幸好現時公屋租金便宜，算是香港窮人的幸福俱樂部。

柯南學理探討

柯南在此又考考偵探團的你們：

1. 此女現在的職業是？

2. 未來婚姻如何？

3. 最好的大運是哪一個呢？

真相永遠
只有一個！

CAS 先生之命

日期	時柱	日柱	月柱	年柱	大運 42歲 2022	流年 42歲 2022
歲年	【點擊六柱干支可看提示】					
天干	乙 財	庚 元男	乙 財	庚 比	庚 比	壬 食
地支	酉 劫	戌 梟劫食官	酉 劫	申 比食梟	寅 才殺梟	寅 才殺梟
流月干	壬	癸	甲 乙	丙 丁	戊 己	庚 辛	壬 癸
流月支	寅	卯	辰 巳	午 未	申 酉	戌 亥	子 丑
星運	帝旺	衰	帝旺	臨官	絕	絕
空亡	午未	寅卯	午未	子丑	午未	辰巳
納音	井泉水	釵釧金	井泉水	石榴木	松柏木	金簿金

【點擊大運和流年的干支可切換到上面】

大運 10	0-1 小運	2歲 丙 1982 戌	12歲 丁 1992 亥	22歲 戊 2002 子	32歲 己 2012 丑	42歲 庚 2022 寅
		52歲 辛 2032 卯	62歲 壬 2042 辰	72歲 癸 2052 巳	82歲 甲 2062 午	92歲 乙 2072 未

	2022	2023	2024	2025	2026	2027	2028	2029	2030	2031
流年	壬寅	癸卯	甲辰	乙巳	丙午	丁未	戊申	己酉	庚戌	辛亥

十干性情：喜丁甲

用神：乙？

格局：無

名偵探八字 之命理一得

八字神算 柯南推理：

「庚金酉月，剛銳未退，仍用丁甲，以丙佐之。

此言庚金酉月必須見官殺混雜才是上等命格。但此造缺丙丁，乙庚全化金，為身旺無依，即無用神之命。

丁亥運和戊子運一見水，用神此時轉為用水（即用食傷吐秀）。書云：「金見水以流通。」可謂少年得志，故此在金融業大發其財。但「時來風送騰王閣，運去雷轟薦福碑」，原局命格太差，一入己丑運，運氣一過便兵敗如山倒。

CAS 先生竟然聽信江湖術士之言，以為自己是專旺格，結果於己丑運戊戌年（2018）即比最旺之一年，因大力投資而破產，未婚妻亦因此離去。

如果他早些遇上柯南，並規勸他此年低調行事，或許能逃過一劫。

各位偵探認為他是專旺格嗎？「金咁旺」又能否行財星運呢？

FILE.015
傑仔之命

日期	時柱	日柱	月柱	年柱	大運	流年
歲年		【點擊六柱干支可看提示】			8歲 2021	9歲 2022
天干	壬 傷	辛 元男	辛 比	癸 食	庚 劫	壬 傷
地支	辰 印才食	丑 梟食比	酉 比	巳 官印劫	申 劫傷印	寅 財官印
流月干	壬	癸	甲	乙	丙	丁	戊	己	庚	辛	壬	癸
流月支	寅	卯	辰	巳	午	未	申	酉	戌	亥	子	丑
星運	墓	養	臨官	死	帝旺	胎
空亡	午未	辰巳	子丑	午未	子丑	辰巳
納音	長流水	璧上土	石榴木	長流水	石榴木	金簿金

【點擊大運和流年的干支可切換到上面】

大運 10	0-7 小運	8歲 2021 庚申	18歲 2031 己未	28歲 2041 戊午	38歲 2051 丁巳	48歲 2061 丙辰
		58歲 2071 乙卯	68歲 2081 甲寅	78歲 2091 癸丑	88歲 2101 壬子	98歲 2111 辛亥

流年	2021 辛丑	2022 壬寅	2023 癸卯	2024 甲辰	2025 乙巳	2026 丙午	2027 丁未	2028 戊申	2029 己酉	2030 庚戌

十干性情：喜壬

用神：壬

格局：傷官吐秀格

名偵探八字 之命理一得

八字神算 柯南推理：

辛金日元生於酉月，必須壬水淘洗。故傑仔之命以壬水明透為用神，地支巳酉丑金局，金旺極矣。然而原局木弱而入墓，所謂「獨財忌破，命落黃泉」。

雖然現實沒有那麼可怕，但這個小朋友亦有幾個慘況：

1. 父緣／妻緣薄弱

2. 木主毛髮，從小就禿頭

3. 發展遲緩，因水濁金頑

4. 2022 年或會移民或家逢巨變

柯南在此希望他的父母能多培養傑仔在藝術或運動方面的興趣和發展，好讓他在未來有出人頭地的一天！

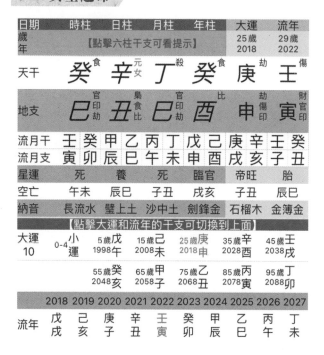

FILE.016
BiBi 女士之命

日期 歲年	時柱	日柱	月柱	年柱	大運 25歲 2018	流年 29歲 2022
	【點擊六柱干支可看提示】					
天干	癸^食	辛^{元女}	丁^殺	癸^食	庚^劫	壬^傷
地支	巳^{官印劫}	丑^{梟食比}	巳^{官印劫}	酉^比	申^{劫傷印}	寅^{財官印}
流月干	壬	癸 甲 乙 丙 丁 戊 己			庚 辛	壬 癸
流月支	寅	卯 辰 巳 午 未 申 酉			戌 亥	子 丑
星運	死	養	死	臨官	帝旺	胎
空亡	午未	辰巳	子丑	戌亥	子丑	辰巳
納音	長流水	壁上土	沙中土	劍鋒金	石榴木	金簿金

【點擊大運和流年的干支可切換到上面】

大運 10	0-4 小運	5歲 戊 1998 午	15歲 己 2008 未	25歲 庚 2018 申	35歲 辛 2028 酉	45歲 壬 2038 戌
		55歲 癸 2048 亥	65歲 甲 2058 子	75歲 乙 2068 丑	85歲 丙 2078 寅	95歲 丁 2088 卯

流年	2018 戊戌	2019 己亥	2020 庚子	2021 辛丑	2022 壬寅	2023 癸卯	2024 甲辰	2025 乙巳	2026 丙午	2027 丁未

十干性情：喜壬

用神：癸

格局：食神制殺格

名偵探八字 之命理一得

八字神算 柯南推理：

辛金日元的 BiBi 女士之命於夏天王水為不可或缺之命，「有殺先論殺，無殺方論用」，加上月令殺旺急須傷官駕殺，但原局缺王而用癸。所謂火炎用王，土燥用癸，沒有王水而用癸水，即是「用假終為碌碌人」，命格屬普通人之命。但這樣就已經批完？

算命的最大用途是指點一條明路，令人的命格有所提升！

柯南認為 BiBi 日後想「條路好行啲」有幾個重點：

1. 必須嫁一個成功的生意人做老公

2. 婚姻上多忍讓，不要輕易離婚

3. 婚期應在 2026-2027 年

4. 此命的子女數量應有兩女

指引迷人行覺路，發明達士步雲霄。

FILE.017
世界英雄之子J之命

日期 歲 年	時柱	日柱	月柱	年柱	大運 38歲 2021	流年 39歲 2022
		【點擊六柱干支可看提示】				
天干	乙 傷	壬 元男	癸 劫	癸 劫	己 官	壬 比
地支	巳 才殺梟	戌 殺印財	亥 比食	亥 比食	未 官財傷	寅 食才殺
流月干 流月支	壬 寅	癸 卯	甲 辰	乙 巳	丙 午	丁 未	戊 申	己 酉	庚 戌	辛 亥	壬 子	癸 丑
星運	絕	冠帶	臨官	臨官	養	病
空亡	寅卯	子丑	子丑	子丑	子丑	辰巳
納音	佛燈火	大海水	大海水	大海水	天上火	金簿金

【點擊大運和流年的干支可切換到上面】

大運 10	0-7	小運	8歲壬 1991 戌	18歲辛 2001 酉	28歲庚 2011 申	38歲己 2021 未	48歲戊 2031 午
			58歲丁 2041 巳	68歲丙 2051 辰	78歲乙 2061 卯	88歲甲 2071 寅	98歲癸 2081 丑

	2021	2022	2023	2024	2025	2026	2027	2028	2029	2030
流年	辛丑	壬寅	癸卯	甲辰	乙巳	丙午	丁未	戊申	己酉	庚戌

十干性情：喜戊

用神：戊

格局：財滋弱殺格

八字神算 柯南推理：

壬水亥月見丙戊為正用，壬水通根透癸，沖天奔地。故取戊土七殺制劫護財為用，財滋弱殺格成。

J 先生為千字文之子，由於原局「群比爭財」屬剋父剋妻之命，故此一交辛酉運金水泛濫劫去財星，父親於此運破產。柯南時常教導學生破產可抵一死，現今時代革新，古法今用要隨時代而進步。

J 先生亦於 2013 年沖太歲之命結婚，現有兩子。若 J 先生想在未來更上一層樓有幾個要點：

1. 2022-2024 年退守，多學新技能

2. 2025-2026 年開始合夥創業

3. 戊午運為大發財之運，發到上市

大食懶之命

日期	時柱	日柱	月柱	年柱	大運	流年
歲年	【點擊六柱干支可看提示】				42歲 2017	47歲 2022
天干	己 官	壬 元男	丙 才	乙 傷	辛 印	壬 比
地支	酉 印	辰 殺傷劫	戌 殺印財	卯 傷	巳 才殺梟	寅 食才殺
流月干	壬 癸	甲 乙	丙 丁	戊 己	庚 辛	壬 癸
流月支	寅 卯	辰 巳	午 未	申 酉	戌 亥	子 丑
星運	沐浴	墓	冠帶	死	絕	病
空亡	寅卯	午未	午未	子丑	申酉	辰巳
納音	大驛土	長流水	屋上土	大溪水	白臘金	金簿金

【點擊大運和流年的干支可切換到上面】

大運10	0-1 小運	2歲 乙酉 1977	12歲 甲申 1987	22歲 癸未 1997	32歲 壬午 2007	42歲 辛巳 2017
		52歲 庚辰 2027	62歲 己卯 2037	72歲 戊寅 2047	82歲 丁丑 2057	92歲 丙子 2067

流年	2017	2018	2019	2020	2021	2022	2023	2024	2025	2026
	丁酉	戊戌	己亥	庚子	辛丑	壬寅	癸卯	甲辰	乙巳	丙午

十干性情：喜甲

用神：乙

格局：傷官駕殺

八字神算 柯南推理：

壬水戌月必須見甲木疏土方為上格，然而此造土重乏甲，加上見己土混濁壬水，即是衰格之人。殺旺攻身之情況必須取印化或是取食制。大食懶之命用乙木傷官制殺，為傷官駕殺格。

此人每日好食懶做，全靠祖輩留下的物流及貨運事業維生。每天只是以家族事業的薪酬度日，加上月日反吟屬離婚之命，幾年前已與老婆兒子分開生活，但他卻毫不在乎（己土混壬的人衰格）。

這幾年老婆的美容生意遇上官非，他卻一點忙也幫不到之餘，還反問老婆取生活費。

柯南在此勸喻各位未婚女士，在嫁人前要想清楚，或是找名偵探柯南幫你「夾一夾」才結婚吧！

癸水二則

FILE.019
RAC 女士之命

日期	時柱	日柱	月柱	年柱	大運	流年
歲年	【點擊六柱干支可看提示】				23歲 2014	31歲 2022
天干	辛梟	癸元女	戊官	辛梟	辛梟	壬劫
地支	酉梟	酉梟	戌官梟才	未殺才食	丑殺比梟	寅傷財官
流月干	壬	癸	甲	乙	丙	丁	戊	己	庚	辛	壬	癸
流月支	寅	卯	辰	巳	午	未	申	酉	戌	亥	子	丑
星運	病	病	衰	墓	冠帶	沐浴
空亡	子丑	戌亥	辰巳	戌亥	辰巳	辰巳
納音	石榴木	劍鋒金	平地木	路旁土	壁上土	金簿金

【點擊大運和流年的干支可切換到上面】

大運 10	0-2 小運	3歲 己亥 1994	13歲 庚子 2004	23歲 辛丑 2014	33歲 壬寅 2024	43歲 癸卯 2034
		53歲 甲辰 2044	63歲 乙巳 2054	73歲 丙午 2064	83歲 丁未 2074	93歲 戊申 2084

流年	2014	2015	2016	2017	2018	2019	2020	2021	2022	2023
	甲午	乙未	丙申	丁酉	戊戌	己亥	庚子	辛丑	壬寅	癸卯

十干性情：喜辛

用神：戊

格局：財官格

名偵探八字 之命理一得

八字神算 柯南推理：

戌月戊土司權，癸水失令無根，專用辛金發水源，RAC 女士原局金旺，但土重乏甲，故取戊土為用，財官格成。

「令上尋真聚得真，假神休要亂真神。真神得用平生貴，用假終為碌碌人。」RAC 用神在月令官星明透，為真神得用。惜原局財星入墓為財官格的一大瑕疵，故 RAC 小時候，母親以家中不夠空間為由，把父親趕往公司住，父親可謂因此得救，免去一死。

癸水日元見辛金為桃花，此造一轉辛丑大運便轉行入職「嘜模」事業。當時為香港嘜模行業的黃金時期，動漫展和各類活動特別多，她亦因此獲得不少工作機會，並賺下第一桶金。

柯南學理探討

柯南在此又考考偵探團的你們：

1. 此女未來的人生重點在哪裡呢？

2. 未來事業和婚姻又如何？

真相永遠
只有一個！

日期 歲 年	時柱	日柱	月柱	年柱	大運 28歲 2016	流年 28歲 2016
	【點擊六柱干支可看提示】					
天干	庚 印	癸 元女	癸 比	丁 才	丙 財	丙 財
地支	申 印劫官	亥 劫傷	丑 殺比梟	卯 食	辰 官食比	申 印劫官
流月干	庚 辛	壬 癸	甲 乙	丙 丁	戊 己	庚 辛
流月支	寅 卯	辰 巳	午 未	申 酉	戌 亥	子 丑
星運	死	帝旺	冠帶	長生	養	死
空亡	子丑	子丑	寅卯	戌亥	子丑	辰巳
納音	石榴木	大海水	桑柘木	爐中火	沙中土	山下火

【點擊大運和流年的干支可切換到上面】

大運 10	0-7 小運	8歲甲寅 1996	18歲乙卯 2006	28歲丙辰 2016	38歲丁巳 2026	48歲戊午 2036
		58歲己未 2046	68歲庚申 2056	78歲辛酉 2066	88歲壬戌 2076	98歲癸亥 2086

流年	2016 丙申	2017 丁酉	2018 戊戌	2019 己亥	2020 庚子	2021 辛丑	2022 壬寅	2023 癸卯	2024 甲辰	2025 乙巳

十干性情：喜丙

用神：丁

格局：食神生財格

八字神算 柯南推理：

丑月癸水，落地成冰。萬物收藏，專用丙火解凍。NA 女士原局缺丙火，唯取丁火為用神，食神生財格成，惜丁火被癸水所傷，原局破格已成。「**有病方為貴，無傷不是奇。格中如去病，財祿兩相隨。**」丙辰運丙火真神高透，一交此運便註冊結婚。但世事難料，2016 年簽紙，2017 年擺酒，2018 年已離婚。現代人皆任性，婚姻愈來愈兒戲。但為什麼會是離婚命呢？

因為日坐陽刃必離婚，歲月不助事難成。加上原局七殺（夫星）剋洩交加，亦即為剋夫的女強人之命。此女命，人生最好的大運要待 2024 年夏天才開始，現時應多進修學習，為未來事業發展作好準備。

柯南學理探討

柯南在此又考考偵探團的你們：

1. 為什麼柯南在此沒有「有殺先論殺」？

2. NA 女士未來的事業和婚姻又如何呢？

真相永遠只有一個！

日期 歲年	時柱	日柱	月柱	年柱	大運 0歲 2022	流年 0歲 2022
	【點擊六柱干支可看提示】					
天干	己 比	己 元女	癸 才	壬 財	壬 財	壬 財
地支	巳 印劫傷	未 比鼻殺	卯 殺	寅 官印劫	寅 官印劫	寅 官印劫
流月干	壬 癸	甲 乙	丙 丁	戊 己	庚 辛	壬 癸
流月支	寅 卯	辰 巳	午 未	申 酉	戌 亥	子 丑
星運	帝旺	冠帶	病	死	死	死
空亡	戌亥	子丑	辰巳	辰巳	辰巳	辰巳
納音	大林木	天上火	金簿金	金簿金	金簿金	金簿金

【點擊大運和流年的干支可切換到上面】

大運 10	0歲 2022 壬寅	10歲 2032 辛丑	20歲 2042 庚子	30歲 2052 己亥	40歲 2062 戊戌
	50歲 2072 丁酉	60歲 2082 丙申	70歲 2092 乙未	80歲 2102 甲午	90歲 2112 癸巳

	2022	2023	2024	2025	2026	2027	2028	2029	2030	2031
流年	壬寅	癸卯	甲辰	乙巳	丙午	丁未	戊申	己酉	庚戌	辛亥

在稿件差不多完成將近刊印之際，由柯南親手擇日剖腹的BB女毛利蘭剛出世，有不少學生和朋友都問柯南為何會為BB女選擇這個八字。首先在此柯南恭祝毛利一家幸福快樂，日後夫榮子貴，福壽兩備！

在此柯南提供此八字的幾種角度的看法：

1. 巳未半火局，寅卯半木局。木旺生火，八字似弱實強。身旺可任財官。

2. 地支合局聚氣，壬癸蛇兔藏。天乙貴人以及月令桃花，殺帶桃花福祿誇！

3. 失令失勢，難道是身弱用印比 !?

4. 詳細答案留在柯南未來的 Volume 2 開估吧！在此就留一個謎團給偵探團同學推理。

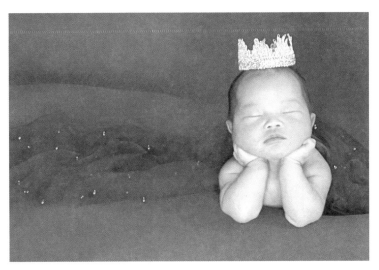

可愛的毛利蘭寶寶 ♥

名偵探沛峰的感想

柯南在此感謝偵探團朋友能用心地看完此書。有學生問柯南學習八字命理有何快捷的方法或秘訣,柯南認為八字命理亦屬學術的一種,與學習中英數的模式一樣。

第1步:埋頭用功

第2步:一步一步循序漸進

第3步:溫故知新和反思

然而現代人學習風水命理,講求速成。柯南曾遇上不少傻瓜,請求柯南教速成三個月的八字班,但都一一拒絕,因為一門專業的學問是不能速成的。一書不厭百回讀,每讀一次都會有一次的新啟發,此為專門科目之書籍與娛樂雜誌的不同之處。

研習命理之人,自來分兩派,分別為江湖派和書房派。江湖派學理根底太淺,缺乏了基礎知識,經驗雖然豐富,卻不能融會貫通。且江湖術士志在「謀生搵食印卡片」,實在不寄於研究學問及語於作者之林,固不足為怪。

書房派亦即現今的術數觀察員,這類人士在本港最多,注意是觀察而不是學習。研究術數只視為娛樂消閒之性質,缺乏學習的恆心與練習,遇到學理較深之處,即似解非解,沒有確定不移之知見。結果信口雌黃,不能辨別學理上的對錯,此為術數失傳之原因。有志研習者,宜多讀古人之書,反覆

名偵探八字 之命理一得

研讀，遇到不解之處，現今科技發達，當然可以在網上找尋名師教學或在各大討論區組織群組研習。

柯南良心建議偵探團的朋友在看完柯南隨筆系列的八字書後，可以再看徐樂吾大師的八字著作，學習術數最重要的是「基本功」，只要功夫到家，自能旁通曲悟，沒有所謂的速成秘訣。

希望人人有得學術數，人人有功練！

壬寅年 孟春

南海　葉沛峰・柯南　序於香江

電話 /WhatsApp：+852 98236216

偵探團學生的推薦信

中國玄學源遠流長，至今已大約四五千年了。自黃帝時代的「三式」（即奇門、太乙及六壬）出現，中間經歷了一千五百年的空白期。但自公元前一千七百年的商周時期，玄學又重現人間，並衍生出其他應用。風水則初現於商代，用於城市規劃及立村立社；周代則出現周易，是一部曠世之作，現今玄學都是立足於此。玄學及周易是中國文化的瑰寶，我們身為中國人應該好好繼承中國文化及加以發展。

據說命理學衍生自六壬，東漢時有祿命之說，唐代已經十分流行，其中有李虛中的祿命術，用年月日的干支及以年干來論命，十分靈驗；宋代則進一步發展，有徐子平及徐升等名家輩出，用「年月日時干支」八個字及以日干來論命，體系已經成形，名著湧現，有《三命通會》及《淵海子平》等；清代則有《窮通寶鑑》、《造化元鑰》、《子平真詮》、《命理約言》及《滴天髓》等名著，特別是《滴天髓》更被喻為「八字聖經」，學命者必讀之書。

余自 2004 年首次接觸玄學，曾遍讀工聯會課程，並進修導師的私人班，其後更多進修坊間老師課程，所費不菲，當中不乏名師，真材實學，得益匪淺；但更多的是濫竽充數，徒有虛名，誤導學生，或怕學生學懂後會超越老師，故意隱瞞重要部分，非要付巨款成為徒弟後才肯教授；更要命的是當中暗滲假料（放流料）貽誤蒼生。玄學界的亂象，令人惋惜。

說了那麼多，無非是十分欣賞及感謝葉老師，他年紀輕輕，卻

名偵探八字 之命理一得

對八字命理有很深學養，遍讀群書，經驗豐富，更可貴的是肯教，言之有物，不會誤導蒼生，不受玄學界的亂象所左右。中國自民初出現徐樂吾、韋千里等大師，現代玄學界缺乏真正無私的人才，我相信老師假以時日會成為明日大儒。

記得初跟葉老師學習時，老師重申要細讀《子平真詮》、《造化元鑰》及《命理一得》等書。坦白說，我們看得似懂非懂；但隨著課程漸漸地深入，我們也開始明白書中論述，包括十干性情、用神喜忌等等；當課程到達第四、五十堂時，便開始明白捉用神及定格局的重要，亦開始懂得分辨滴天髓各種格局（包括：財滋弱殺、財官格、財殺格、殺印相生、官印相生、食傷生財、食神制殺、食傷吐秀等）。當課程到八十多堂後，我們已略有把握捉用神、定格局，並懂得分辨忌神、調侯用神及藥神的分別，還有刑冲會合、拆局推理、批命批大運流年等。化整為零地學習命理分析已三年多了，總算可以正式入門，雖然距登上八字命理的堂奧，仍要走一段漫漫長路，但總算我們走在一條正確的道路上，進步可期。

今葉老師出版著作，學生無比高興，希望早日付梓，學生可以先睹為快。在此祝賀老師身體健康，玄學造詣精進，早登玄學大儒之境！

學生忌廉劉（前某中學副校長 劉志業）
壬寅年季春

名偵探八字
之命理一得

Numerology 010

作者：	葉沛峰·柯南
編輯：	吳苡澄
設計：	4res
出版：	紅出版（青森文化）
	地址：香港灣仔道133號卓凌中心11樓
	出版計劃查詢電話：(852) 2540 7517
	電郵：editor@red-publish.com
	網址：http://www.red-publish.com
香港總經銷：	聯合新零售（香港）有限公司
台灣總經銷：	貿騰發賣股份有限公司
	地址：新北市中和區立德街136號6樓
	(886) 2-8227-5988
	http://www.namode.com
出版日期：	2022年5月
圖書分類：	八字命理
ISBN：	978-988-8743-94-0
定價：	港幣128元正／新台幣510元正